● 国家社会科学基金项目（20XGL004）
● 国家自然科学基金项目（72262031）
● 国家自然科学基金项目（72062033）
● 云南省基础研究计划面上项目（202201AT070803）

财务共享与
会计信息质量研究

RESEARCH ON FINANCIAL SHARING AND THE QUALITY OF
ACCOUNTING INFORMATION

陈 雪 纳超洪◎著

经济管理出版社
ECONOMY & MANAGEMENT PUBLISHING HOUSE

图书在版编目（CIP）数据

财务共享与会计信息质量研究 / 陈雪，纳超洪著.

北京：经济管理出版社，2024. 6. -- ISBN 978-7-5096-
9748-1

Ⅰ . F232；F230

中国国家版本馆 CIP 数据核字第 2024A1083F 号

组稿编辑：丁慧敏

责任编辑：丁慧敏

责任印制：许 艳

出版发行：经济管理出版社

（北京市海淀区北蜂窝 8 号中雅大厦 A 座 11 层 100038）

网 址：www. E-mp. com. cn

电 话：（010）51915602

印 刷：唐山昊达印刷有限公司

经 销：新华书店

开 本：720mm×1000mm/16

印 张：12. 75

字 数：193 千字

版 次：2024 年 7 月第 1 版 2024 年 7 月第 1 次印刷

书 号：ISBN 978-7-5096-9748-1

定 价：98. 00 元

前　言

当前我国一些企业集团存在着"大企业病"现象，一方面，组织机构官僚化，各项规章制度烦琐，管理成本居高不下，工作效率低下；另一方面，企业管控能力弱，导致企业财务工作面临诸多问题，如会计核算成本居高不下、财务与业务脱节、财务管理缺乏战略高度等。传统的会计信息系统已难以满足企业集团当前降本增效、加强管控的需求。财务共享服务应运而生，在解决集团管控能力薄弱、管理成本居高不下、财务效率低下、信息透明度低等方面发挥了重要作用，已经成为企业集团利用信息技术提升整体竞争力、实现高质量发展的重要手段。这不仅顺应了我国全面推广数字经济、实现数字技术与财务管理深度融合的既定步伐，也符合国家倡导的打造世界一流财务管理体系的发展理念。

作为会计信息的提供者，财务共享服务中心能否打破"信息孤岛"并根据业务逻辑及时、准确、高效地向内外部使用者提供高质量的会计信息，已成为当代企业高质量发展的现实需要。而会计信息质量不仅是资本市场监管和会计准则制定的关键对象，还是财务会计领域的重要研究对象，对于改善资本市场的运作效率、优化社会资源的配置、改善企业管理的经营决策、提升投资者的投资效率等意义重大。但目前关于财务共享的相关研究主要集中于业务范围、实施动因、关键因素以及对管控能力、运营效率和经营绩效等的影响，较少涉及财务共享与会计信息质量。因此，研究财务共享对会计信息质量的影响不仅能为加快推动企业集团建设世界一流财务管理体系提供有价值的参考，也是对当前财务共享经济后果相关研究的重要补充，具有重大的理论意义和现实意义。

基于以上背景，本书手工收集了中国上市公司实施财务共享服务的数据，研究财务共享对会计信息质量的影响及路径机理，从集团管控视角探讨财务共享对会计信息质量的影响，并进一步讨论了财务共享服务实施主体特征以及外部环境对两者关系的异质性影响。实证研究的重要结论如下：

第一，财务共享能够提升会计信息质量，且共享服务实施时间越长，提升作用越明显。在控制内生性问题后，财务共享仍然对会计信息质量产生正向影响。路径机理检验发现，财务共享主要通过降低信息不对称和代理成本来提升会计信息质量。

第二，集团管控在财务共享与会计信息质量的关系中发挥着重要作用。不同集团管控动机下财务共享对会计信息质量的影响明显不同。当集团子公司的规模越大、重要性越强、处于成长期、经营战略为成本领先战略时，集团母公司对子公司的管控动机就越强，财务共享提升会计信息质量的效果更明显。不同集团管控能力下财务共享对会计信息质量的影响也不同。当集团多元化程度低、类型为产业型集团、内部资本市场配置效率高以及信息化程度高时，集团母公司对子公司的管控能力就越强，财务共享提升会计信息质量的效果也更明显。

第三，不同内部条件和外部因素下，财务共享对会计信息质量的异质性影响。不同财务共享实施主体特征下，财务共享对会计信息质量的影响不同。当年轻高管占比、女性高管占比、海外背景高管以及财务背景高管占比高时，财务共享提升会计信息质量的效果更明显。不同外部环境下，财务共享对会计信息质量的影响也不同。当经营环境不确定性高、市场化程度高、产品市场竞争激烈、地区数字化程度高时，财务共享提升会计信息质量的效果更明显。

本书的主要创新有以下三个方面：

第一，丰富了财务共享经济后果的相关研究，弥补了财务共享与会计信息质量现有研究的不足。

第二，提供了中国制度背景下企业集团财务共享的经验证据，丰富了财务共享在新兴经济体中的应用研究。

第三，构建了学科交叉的知识体系下财务共享对会计信息质量异质性影响的一系列研究，拓展了财务共享影响会计信息质量的边界条件。

目　录

第一章　绪论

第一节　研究背景与研究意义

一、研究背景

当前我国一些企业集团存在"大企业病"现象，一方面，组织机构官僚化，各项规章制度烦琐，导致管理成本居高不下，造成工作效率低下；另一方面，企业管控能力弱，导致企业财务工作面临诸多问题，如会计核算成本居高不下、耗用大量人力财力，财务与业务脱节、沟通不畅、信息质量不透明，财务管理缺乏战略高度等。传统的会计信息系统明显已难以满足企业集团当前降本增效、加强管控的需求。在这一背景下，财务共享服务应运而生，成为企业集团解决以上问题的重要战略工具和平台。

国家在推进企业加快信息系统建设、构建世界一流财务体系方面作出了诸多努力。2013 年 12 月 6 日，财政部印发《企业会计信息化工作规范》，要求分公司、子公司数量多、分布广的大型企业、企业集团探索利用信息技术促进会计业务集中，逐步建立财务共享服务中心，为我国大型企业集团财务共享服务的构建和实施提供了重要的政策依据。紧接着，2014 年财政部颁布了《财政部关于全面推进管理会计体系建设的指导意见》，鼓励大型企业和企业集团充分利用专业化分工和信息技术优势，建立财务共享服务中心，这有助于企业加快从会计职能核算到管理决策的拓展，促进企业推进面向管理会计的信息系统建设。2020 年 8 月，国务院国有资产监督管理委员会（简称国务院国资委）发布《关于开展对标世界一流管理提升行动的通知》，重点任务之一是加强财务管理，提高价值创造能力。2021 年，财政部制定、印发《会计信息化发展规划（2021－2025 年）》，指出以信息化支撑会计职能扩张为主线，以标准化为基础，以数字化为突破口，引导和规范我国会计信息化数据标准、管理制度、信息系统、人才建设等持续健康发展，积极推进会计数字化转型，推动符合新时代要求的国家会计信息化发展体系。

2022 年，国务院国资委在《关于加强中央企业财务信息化工作的通知》中要求具备条件的企业应当在集团层面探索开展会计集中核算和共享会计服务，并发布《关于中央企业加快建设世界一流财务管理体系的指导意见》，强调以数字技术与财务管理深度融合为抓手，把推动中央企业提升财务管理能力水平、建设世界一流财务管理体系，作为企业实现基业长青的重要基础和保障。以上一系列政策为企业建立新型会计信息系统、加快建设世界一流的财务管理体系提供了重要的基础性支持。在国家的大力支持和推进下，财务共享服务的建设飞速发展。2022 年《财富》发布世界 500 强排行榜，在 145 家世界 500 强中国企业中，58% 以上已完成或正在建设财务共享服务，此外，根据国务院国资委最新央企名录，98 家中央企业中有 55% 以上已经完成或正在建设财务共享服务。

随着越来越多大型企业或企业集团实施财务共享，关于财务共享经济后果的探究正成为实务界和学术界的热点。但现有关于财务共享的探讨集中于实务和理论层面，较少涉及财务共享的大样本研究。在实务层面，主要通过企业调研、案例分析、问卷调查等方法讨论企业集团如何通过实施财务共享加强管控（ACCA等，2017；2018；2019；2020）、降本增效（张庆龙等，2016；2018；王兴山，2018；陈虎等，2018；纳超洪等，2022）、提升服务质量（李闻一等，2017；许汉友等，2017）、创造价值（张瑞君等，2010；杨寅和刘勤，2020；Yang等，2021）；在理论层面，重构了财务共享与业财融合协调统一的概念框架（王亚星和李心合，2020）。现有文献集中考察了财务共享的实施动因（张瑞君等，2010；何瑛，2013；Paagman等，2015；罗真和李春，2016）、实施的关键因素（张瑞君等，2010；Derven，2011；何瑛等，2013；Seal和Herbert，2013）、服务质量和有效性（何瑛等，2013；李闻一等，2017；许汉友等，2017）、对内部控制质量（李闻一和潘珺，2021；刘娅和干胜道，2021）、成本粘性（纳超洪等，2022）以及经营业绩（张瑞君等，2010；何瑛和周仿，2013；Chen，2022）的影响等，但尚未对财务共享对会计信息质量的影响展开深入研究。

会计信息质量不仅是资本市场监管和会计准则制定的关键对象，还是财务会计领域的重要研究对象，对于改善资本市场的运作效率、优化社会资源配置、改善企业管理的经营决策、提升投资者的投资效率等意义重大。财务共享服务影响会计信息的生成、处理和加工的全过程，对会计信息质量产生影响，但现有研究忽略了两者之间的关系。财务共享一方面可以将大量分子公司低附加值的会计作业集中到共享中心进行规模处理，有助于大幅度降低财务运作成本，提升业务处理效率，降低财务出错率。另一方面，财务共享作为企业集团管控的战略性平台和工具，不仅有助于集团母公司跨地区实时获取各分子公司的经营信息，并有助于实现对所有子公司的全过程实时监管，进而提升集团母公司对子公司的管控水平，缓解管理层和股东、母公司与子公司之间的信息不对称，降低管理层盈余操纵动机。此外，还能基于智能财务系统，对企业的成本分析、经营预测、投资与预算决策等提供综合服务，这将有助于企业实现财务与业务、战略的一体化，提供更及时、更相关的信息以满足经营需要。因此，有必要考虑财务共享对会计信息质量的影响，这也可能是财务共享领域新的研究主题。

基于此，本书基于企业集团实施财务共享服务的实践，研究财务共享对会计信息质量的影响以及机理，并从集团管控视角探究财务共享对会计信息质量的影响，还考虑不同实施主体和外部环境下财务共享对会计信息质量的异质性影响。本书将具体回答以下三个问题：（1）财务共享是否会对会计信息质量产生影响？财务共享通过何种机制对会计信息质量产生影响？（2）不同集团管控动机和管控能力下，财务共享对会计信息质量的影响将产生何种变化？（3）不同实施主体和外部环境下，财务共享对会计信息质量的异质性影响如何？

二、研究意义

（一）理论意义

本书探究了财务共享对会计信息质量的影响及其机理，并从集团管控视角探究财务共享对会计信息质量的影响，还考虑不同实施主体特征和外部环境下财务共享对会计信息质量的异质性影响，具有以下理论意义。

第一，本书以中国上市公司为研究对象，手工收集上市公司实施财务共享的数据，采用实证研究方法研究财务共享对会计信息质量的影响及其作用机理，论证了财务共享信息治理的积极作用，揭开了财务共享影响会计信息质量的"黑箱"，不仅丰富了财务共享经济后果的相关研究，而且弥补了财务共享与会计信息质量现有研究的不足。

第二，本书立足集团管控视角，结合中国的制度背景以及中国企业集团的管控现状，从集团母公司对子公司的管控动机和管控能力两方面来研究财务共享对会计信息质量的影响，不仅再次验证了数字技术与财务管理深度融合的积极意义，而且丰富了财务共享在新兴经济体中的应用研究。

第三，本书综合运用信息不对称理论、代理理论、流程再造理论与集团管控理论，紧密结合财务共享实施主体与实施环境的具体特征，将信息经济学、组织管理学、心理学、制度经济学等多学科知识融合在一起，构建了学科交叉知识体系下财务共享对会计信息质量异质性影响的一系列研究，从组织管理和制度环境层面拓展了财务共享影响会计信息质量的边界条件，进一步丰富和充实了财务共享的相关研究，具有一定的理论创新价值。

（二）实践意义

本书基于企业集团实施财务共享的现实需求和政策背景，探究财务共享对会计信息质量的影响，本书结论为更好地推进我国企业的信息化建设、建设世界一流财务管理体系以及提升会计信息质量提供了政策建议。

第一，本书证明了财务共享在信息治理方面的积极意义，这为推动企业集团积极建立财务共享服务中心提供了经验证据。企业集团需要利用财务共享服务来为企业的财务数字化转型打下坚实的数字基础、组织基础和管理基础，整合资源、降低成本、提升风险管控能力和集团的整体运作效率，通过利用财务共享服务优化会计信息来满足企业内外部对高质量信息的需求，不断提高自身的信息化建设水平，加快推进建设世界一流财务体系的步伐。此外，财务共享服务中心的建设是一个循序渐进的过程，其治理功效的发挥需要经过一段时间才能凸显，因此在实践过程中不可操之过急。

第二，本书为我国企业集团将财务共享与集团管控相结合来提升会计信息质量提供了思路。对于中国企业集团而言，财务共享与集团管控密不可分。集团在建设财务共享服务中心时，应该将建设需求与集团管控动机和管控能力匹配，并结合自身实际情况、项目资金的安排和管控需求，选择适合自身的财务共享服务模式。并随着子公司重要性、生命周期、经营战略以及集团多元化程度、业务类型、信息化水平、母子资源的匹配度等的变化进行相应的调整，以促进共享中心更好地发展，提升会计信息质量，打造一流的财务管理体系。

第三，本书还论证了财务共享的顺利实施离不开人才和环境的作用。高管在财务共享的运用中发挥了重要作用。在人才培育和储备方面，应综合运用内部选拔和外部招聘，根据人才的自身特征、专业和工作背景等，因才施用，充分挖掘那些满足共享中心需要的优秀管理人才，同时还应吸收不同领域的优秀人才，为共享中心注入新的发展活力。外部环境对于财务共享的实施同样有着重要影响。在外部环境培育方面，政府和监管部门要加强政策引导，要在制度和资源等方面给予更多支持，鼓励更多的资本和人才投入财务共享服务行业，以促进财务共享服务产业的良好发展。

第二节　主要概念界定

一、财务共享服务

财务共享服务源于共享服务理念，是共享服务在财务领域的具体应用。IFSS（国际财务共享服务管理协会）将财务共享服务定义为基于信息技术，从市场角度为客户提供专业财务信息服务的管理模式，是网络经济和企业管理共享思想在财务领域的最新应用。张瑞君等（2008）指出，财务共享服务是对人员、技术、流程等关键要素的有效整合，把一些重复的、易标准化的、能够集中处理的业务集中到共享服务中心，统一进行规模化处理，来实现流程标准化和精简化的一种创新型管理手段。陈虎等（2018）认为，财务共享服务基于公司统一的信息系统平台，对公司现有的财务业务流程进行再造、规模化处理来降低财务处理成本，是提升财务管理效率的一种新型的管理模式。

德勤（2015）和ACCA等（2017；2018）认为，财务共享是把内部不同的事业单元之间相同的、重复设置的财务流程集中到独立的共享中心进行处理的一种业务模式。贾小强等（2020）认为，财务共享服务依靠信息技术，以财务业务流程处理为基础，以优化组织结构、规范制度流程、提高流程效率、降低运营成本、加强决策支持、创造企业价值为目标，是一种从市场角度向客户提供专业化、规范化服务的新型财务管理模式。Yang 等（2021）认为，财务共享服务模式侧重于通过战略、流程、组织、人员、系统的再造，对高度重复、易于标准化、分散在各个品牌和子公司的财务流程进行整合处理。周婷婷和王舒婷（2021）认为财务共享是对重复的基础财务工作进行流程再造和标准化处理，实现企业信息共享，形成共享财务、业务财务及战略财务的融合合作。

本书结合陈虎等（2018）和贾小强等（2020）的观点，认为财务共享是一种通过流程再造，将一些重复的、易标准化的业务集中到共享中心进行规模化、标准化处理的新型财务管理模式。

二、会计信息质量

目前，国内外现有文献对会计信息质量的内涵尚未形成规范统一的观点。会计信息质量在现有研究中又被称为会计质量、信息质量、财务报告质量、收益质量等。葛家澍（2003）认为，会计信息的质量特征是对会计信息应具有的质量标准的具体说明或要求。Schipper 和 Vincent（2003）将财务报告质量定义为财务报表能在多大程度上提供对投资者和债权人的投资决策有用的信息。Ahmed（2004）将会计信息含量定义为会计信息解释股票收益的能力或反映未来收入的信息含量，并作其为会计信息质量的度量。

Hodge（2003）将收益质量定义为报告的净收入与真实收益的差异程度。Kirschenheiter 和 Melumad（2004）认为高质量的收益是信息更丰富、更接近公司长期价值的收益。Martí 和 Kasperskaya（2015）认为，当财务报告按照普遍接受的会计准则真实、公平地反映公司的财务状况和业绩时，财务报告被认为是高质量的。Chen 等（2010）认为，会计质量代表财务报表信息反映基础经济状况的程度。Martínez-Ferrero（2014）将财务报告质量定义为财务报告流程传达的信息的真实性，使市场参与者充分知情，以便在投资、信贷等方面做出合理的决策。

本书采纳 Hodge（2003）、Martí 和 Kasperskaya（2015）以及 Chen 等（2010）的观点，认为会计信息质量代表财务报告反映企业真实收益的程度，财务报告能够真实客观地反映公司的财务业绩，表明会计信息质量较高。

第三节　研究内容与研究方法

一、研究内容

财务共享通过流程再造改变会计信息的生成、处理和加工等全过程，进而对会计信息质量产生一定的影响。本书研究了财务共享对会计信息质量的影响以及机理，从集团管控视角讨论了财务共享对会计信息质量的影响，并基于财务共享的实施主体和外部环境，探究了高管年龄、性别、财务背景、海外背景、经营环境不确定性、市场化程度、产品市场竞争、地区数字化程度等因素对财务共享与会计信息质量两者关系的异质性影响。具体包括以下七章内容（见图 1.1）：

第一章，绪论。介绍了本书的研究背景与研究意义、主要概念界定、研究内容与研究方法以及研究创新。

第二章，理论基础与文献综述。介绍了委托代理、信息不对称、流程再造、集团管控理论，整理了财务共享服务与会计信息质量的相关文献，并对文献进行了总结和评述。

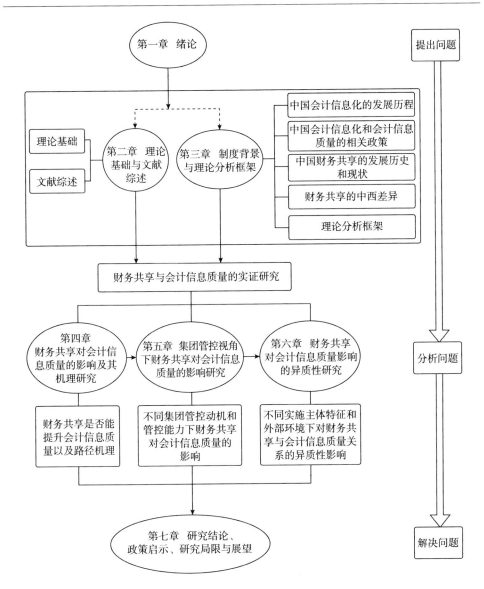

图1.1 本书研究思路、章节安排与研究内容

第三章，制度背景与理论分析框架。梳理了中国会计信息化发展历程，总结了中国会计信息化与信息质量的相关政策，并分析了中国财务共享的发展历程、现状及中西差异。将制度背景与现有文献结论进一步结合，构建了本书的理论分

析框架。

第四章，财务共享对会计信息质量的影响及其机制研究。以 2009～2020 年中国 A 股上市公司为研究样本，手动收集中国上市公司实施财务共享的数据，探究财务共享对会计信息质量的影响及其影响机理，揭开财务共享影响会计信息质量的"黑箱"。

第五章，集团管控视角下财务共享对会计信息质量的影响研究。基于集团管控视角，从集团管控动机和管控能力两方面对财务共享如何影响会计信息质量进行理论分析和实证检验。集团管控动机包括子公司规模和重要性、子公司生命周期、子公司经营战略四个维度。集团管控能力包括集团多元化程度、集团类型、内部资本市场配置效率、集团信息化四个维度。

第六章，财务共享对会计信息质量影响的异质性研究。分别基于财务共享实施主体特征和外部环境两个视角探究了内外部因素对财务共享对会计信息质量的异质性影响。实施主体特征维度主要包括高管年龄、性别、财务背景和海外背景四个维度。外部环境维度主要包括经营环境不确定性、市场化程度、产品市场竞争、地区数字化程度四个维度。

第七章，研究结论、政策启示、研究局限与展望。对实证结论进行了全面总结，从集团自身财务体系建设、财务共享模式的选择、人才的培育和选拔以及制度建设等方面提出了本书的政策建议，指出了研究局限，以及未来的研究展望。

二、研究方法

借鉴已有研究，结合财务共享的实施要素、经济后果以及会计信息质量的影响因素，本书主要采用以下三种研究方法，且理论研究与实证研究相结合。

第一，文献研究法。为了掌握国内外相关领域的研究动态和发展趋势，明确切入点，本书采用文献研究方法，对国内外相关文献进行梳理、总结和回顾。

第二，理论分析法。梳理了现有文献关于会计信息质量以及财务共享概念的界定，并结合本书的研究需求对其进行重新定义。阐述和总结了委托代理理论、信息不对称理论、集团管控理论、流程再造理论，并在上述理论的基础上，深入分析财务共享对会计信息质量的影响及其影响机制，从集团管控的角度分析财务共享对会计信息质量的影响，以及内外部实施因素对财务共享与会计信息质量两者关系的异质性影响。

第三，实验检验法。在文献研究和规范分析的基础上，选取 2009~2020 年沪、深两市 A 股上市公司作为实证样本，使用 python 获取财务共享服务相关数据，并使用 excel 和 stata/MP15 软件进行数据处理和实证分析。本书运用计量经济学和统计学中的描述统计、相关分析、分组 T 检验和多元回归等方法，对财务共享与会计信息质量之间的关系进行了实证检验，并运用替换变量、PSM、heckman 两阶段和工具变量法处理内生性问题，在后续研究中进一步分组检验来研究集团管控以及内外部实施因素在财务共享和会计信息质量两者关系中产生的异质性影响。

第四节　研究创新

本书针对大型企业集团实施财务共享服务的现实需求和发展现状，从上市公司角度检验了财务共享对会计信息质量的影响，有助于更好地理解财务共享作用于会计信息质量的路径机理及其影响因素。本书的研究创新主要包括以下三点：

第一，丰富了财务共享经济后果的相关研究，弥补了财务共享与会计信息质量现有研究的不足。财务数字化是当前数字经济下财务会计学领域的研究热点，关于财务共享经济后果的现有研究主要围绕管控能力、运营效率和经营业绩等方面展开，较少从信息层面来研究其对公司治理的影响。而财务共享与会计信息质量密切相关，但现有研究忽略了两者的关系。本书以中国上市公司为研究对象，手工收集上市公司实施财务共享的数据，采用实证研究方法探究财务共享对会计信息质量的影响以及作用机理，不仅论证了财务共享的信息治理的积极作用，还揭开了财务共享影响会计信息质量的"黑箱"，研究结论弥补了现有研究的不足。

第二，提供了中国制度背景下企业集团财务共享的经验证据，丰富了财务共享在新兴经济体中的应用研究。针对当前我国大型企业集团管控能力薄弱、管理成本居高不下、财务效率低下、信息透明度低等问题，如何通过数字技术来改善信息质量进而提升企业的整体竞争力是亟须解决的一个重要现实问题。本书基于中国制度背景，立足集团管控视角，将财务共享与集团管控紧密结合，从集团母公司对子公司的管控动机和管控能力两方面来研究财务共享对会计信息质量的影响，不仅再次验证了数字技术与财务管理深度融合的积极意义，还提供了企业集团财务共享在新兴经济体中的经验证据。

第三，构建了学科交叉的知识体系下财务共享对会计信息质量异质性影响的一系列研究，拓展了财务共享影响会计信息质量的边界条件。在财务共享的顺利推行中，其实施主体和实施环境发挥了至关重要的作用，本书综合运用信息不对称理论、代理理论、流程再造理论与集团管控理论，将信息经济学、组织管理学、心理学、制度经济学等多学科融合在一起，进一步探究不同实施主体与实施环境下财务共享对会计信息质量的异质性影响，从组织管理和制度环境层面拓展了财务共享对会计信息质量影响的边界条件，具有一定的理论价值和创新性。

第二章　理论基础与文献综述

第一节　理论基础

一、委托代理理论

委托代理理论最初由 Jensen 和 Meckling（1976）提出，后来发展为契约成本理论。委托代理关系是指一个或多个行为体，根据明示或暗示的合同指定并雇用其他行为体，同时给予后者一定的决定权，根据后者提供的服务的数量和质量支付其相应的报酬。在这个过程中，授予人是委托人，受让人是代理人。

委托代理理论的主要观点是，委托代理关系是随着大规模生产的出现而产生的。生产力的发展进一步细化了劳动分工，权利所有者由于知识、能力、精力限制等原因，不能行使所有权利。而专业化分工则产生了大量具有专业知识的代理人，他们具有行使委托权利的精力和能力。但在委托代理关系中，委托人与代理人的效用函数存在差异，委托人追求自己的财富最大化，代理人则追求自己的工资和津贴收入、奢侈消费、闲暇时间等最大化，两者之间存在利益冲突。在缺乏有效的制度安排的情况下，利益的冲突可能导致代理人做出损害委托人利益的行为。

在公司治理领域，委托代理理论研究的是公司不同利益主体之间的代理冲突，主要包括股东与经理、股东与债权人、控股股东与少数股东之间的利益冲突。由于所有权与管理权分离，经理为了自身利益最大化，可能利用其信息优势牺牲股东利益，从而引发股东与经理之间的代理冲突。控股股东为了增加自己的利益，可能剥夺债权人的利益进而引发股东与债权人之间的代理冲突。由于所有权与控制权分离，控股股东在不拥有上市公司全部所有权的情况下，为了掌握对公司的控制权以最大化自身利益，可能通过操纵上市公司来侵占公司或少数股东的利益，这又导致控股股东和中小股东之间的代理冲突。

财务共享为提高集团的管理和控制水平提供了一个良好的平台和工具（李闻一等，2017）。一方面，通过母公司控制共享服务中心为子公司提供共享服务，特别是会计服务，这降低了母公司子公司业务信息获取成本，为母公司的评价和激励子公司管理层提供信息支持，有利于加强集团内部控制，减少母子公司之间的代理问题（张庆龙等，2015）。另一方面，财务共享服务中心作为一个独立的法人实体或组织单位（Tomasino 等，2014），在业务处理过程中更加独立和客观，得以严格按照公司制度和要求办事，业务随机分配，大大降低了财务串通舞弊的可能性，这有助于降低股东和管理者之间的代理成本。代理理论为财务共享如何作用于会计信息质量提供了一种解释。

二、信息不对称理论

Akerlof（1970）在思考和研究二手车市场的"柠檬问题"后，首次提出了信息不对称理论。在微观经济学领域，信息不对称理论是指在市场经济活动中，不同类型的人对相关信息的了解是有差异的。相比于缺乏信息的人，掌握足够信息的人往往处于有利地位，可以通过将可靠信息传递给缺乏信息的一方，从中获益。合同签订前（事前）的信息不对称通常称为"逆向选择"，合同签订后（事后）的信息不对称通常称为"道德风险"。

在委托代理框架下，逆向选择是指两权分离形成的委托代理关系中，由于信息不对称，代理人拥有关于其能力和未来行动的个人信息，但委托人无法拥有。这导致双方签订合同前，代理人可能利用自己的信息优势引导委托人提高自己的利益，但在合同的执行中却做出有损委托人的行为。委托人为了避免这种现象发生，通常会事先安排签订相应的合同来约束代理人的行为，双方在签订合同前多次博弈，这可能造成不利的合同价格过高或有利的合同价格过低等资源错配现象，引起逆向选择风险，降低资源配置的效率。在双方签订合同后，同样由于信息不对称，代理人可能在工作中懈怠或进行在职消费，这会损害委托人的利益，引起道德风险。若不考虑代理人的逆向选择风险和道德风险，委托人可能要求代理人提供更多信息，并进行更多监督，甚至要求签订新合同，这大大增加了契约执行的成本，可能导致高价值的公司被低估或低价值的公司被高估，进而产生低质量的会计信息。

财务共享一方面打通了财务和业务间的壁垒，整合流程再造与信息系统，业务和财务的融合使得财务向业务前端延伸，打通会计与业务、会计与外部利益相关者的界限，并把实物形态的物料活动直接转化为价值形态的资金活动，进而实现物流、资金流、工作流、信息流的实时反映（张庆龙等，2018），使企业能从源头上掌握集团内部各单位的真实交易数据，这降低了财务和业务之间的信息不对称。另一方面，财务共享将原本分散在不同地域、不同部门的全集团的会计核算工作集中到一个平台进行处理，使集团母公司能够实时掌握子公司的所有经营信息，这又降低了母公司和子公司之间的信息不对称。信息不对称理论为财务共享如何作用于会计信息质量提供了另一种解释。

三、流程再造理论

流程再造由 Hammer 和 Champy（1993）提出，并在 20 世纪 90 年代达到高峰。流程再造是从根本上对企业流程进行彻底的再分析、再设计和再管理，使企业快速成长和价值增值。流程再造的重点是对企业运营的重要环节进行重新规划，提高运营效益；目的是成本、质量、服务等方面都能得到显著改善；核心是打破企业职能部门的管理模式，重新设计以顾客满意为导向的业务流程，最终优化企业整体运作流程，追求整体优化而非局部优化。

传统的财务流程是一种被动的业务流程，通常在事件发生后被动地接收业务数据，无法有效地进行预算、过程控制和风险发现。在这种流程下，财务活动与业务运作相分离，财务只能反映事后的情况，同时财务数据信息的收集、传递和处理是不完整、不准确和延迟的，无法对资金进行实时监控，也无法充分反映企业的实际经营状况。在财务再造过程中，流程再造和信息技术再造最为关键也最为重要，是财务再造的必要条件。财务再造的目标是通过流程再造，消除非增值活动，为管理层提供更好的决策支持和价值创造能力，并使各组织能够根据客户的期望提高业绩，降低交易处理成本和复杂性。

财务共享通过流程再造改变组织、管理和信息系统，影响会计信息生成、加工和转化等过程，对会计信息质量产生深刻的影响，流程再造理论为解释财务共享对会计信息质量的影响提供了理论基础。

四、集团管控理论

企业集团是指一些企业为了适应市场经营环境和内部组织的变化，建立以母子公司为主体，采用资产、产品技术、母公司通过投资、生产经营协调等多种方式，拥有众多具有相对独立法人资格的企业和经济联盟（陈志军，2007；Khanna Tarun 等，2010；朱方伟等，2018）。建立企业集团的作用，不仅在于可以控制更多更广泛的业务资产，更重要的是通过集团化的控制模式和组织结构，强化和扩大核心竞争力，实现集团多业务之间的战略协同，最终实现"1+1>2"。企业集团也是应对不同经济条件的产物，从社会福利的角度看，企业既是"典范"，又是"寄生虫"，既有可能通过多元化、内部资本市场等提升企业价值，又有可能通过"隧道行为"损害股东价值（Khanna Tarun 等，2010）。

集团管控是指大型企业总部或高级管理层对下属企业或部门实施的管理控制和资源分配，是母公司对"子公司管理"的管理，是跨层级的，也是必要的。集团管控是基于产权结构的治理结构与控制体系的结合，从根本上说，管控是一种控制行为，可分为前、中、后控制。集团管控的重点是整合内部资源以促进集团内部协同效应，以及规范治理和有效控制以确保协同效应。集团管理和控制是一项系统工程，集团作为调度中心，遵循经济、高效、优势的原则，利用协调机制优化资源配置，最大限度地利用和共享资源，为子公司提供各种必要的服务和支持。

企业集团的形成和持续发展是以母子公司为基础的。母公司的法人地位要求，在确保子公司满足总体目标且不损害集团整体利益的前提下，母公司可以通过管理和控制子公司来协调集团内部日益复杂的合同关系，以确保内部资源的有效配置和企业集团的高质量发展。

母子公司管控模式是由一系列制度和方法组成的有机管控体系，旨在实现母子公司之间权利和责任的分配、管理和控制，确保集团战略、目标和使命的顺利实现。由于功能定位、治理结构、市场环境等方面的差异，母公司对各子公司实施不同的控制内容、方法和深度，形成具有自身特点的不同控制模式。

母子公司控制模式类型的划分依据以下三个方面：（1）集权和分权。从简单的"二分法"，到官僚、市场、团队风格，或战略控制、财务控制、运营控制的"二分法",甚至"二分法",虽然名称不同,但大多数研究表明,相对集中和相对分散位于类型的两端,而其他类型则是两者的细化。(2)组织类型。这种分类是基于功能和重点之间的母子结构关系,分类更直观。如单一类型、控股公司类型、多部门类型、过渡型多部门类型、集中型多部门类型和混合型。(3)管理控制内容。根据明确监管的具体内容,可以将母子公司管控绩效分为投资、财务、战略、制度、组织、职能、业务、人员和资源。

影响母子公司管理模式的因素(或子公司的集中程度和自主性)主要包括两类:(1)外部因素,如母公司外部政治、经济、技术等不确定性的增加,将使母公司采用更加开放的管理和控制模式,以确保子公司的动态灵活运营。(2)内部因素,主要包括母公司、子公司以及母子公司组合。母公司层面的因素,如规模、管理经验、管理水平等,一般与母公司的集中程度呈正相关,形成更加集中的管理模式,多元化程度会促进分散化。子公司层面的因素,如子公司的经营业绩、成立时间和区域分散会促进母公司的分权。对集团发展有重要影响的子公司,母公司将加强监管,随着子公司发展得逐步成熟,母子公司的控制模式将由集中控制向分散控制过渡。其他方面,如母子公司之间资源匹配、战略一致性和信息整合的提高将促进集中控制模式的形成;母子公司之间的技术转移和复杂性的增加会使母公司的管理趋于分散。

财务共享是集团管控的战略平台与重要工具,集团管控则是财务共享的根本动因与核心诉求,两者密不可分。集团管控理论为不同集团管控情景下财务共享对会计信息质量的影响提供了理论基础。

第二节 文献综述

一、财务共享服务的相关研究

(一) 财务共享服务的业务范围

德勤等 (2015) 认为, 财务共享的业务范围主要包括从采购到付款、资金结算、费用报销、总账到报表及固定资产核算等流程, 集中于发生频繁且易标准化、与管理决策相关度较低的财务核算流程。张庆龙等 (2016; 2018) 发现, 财务共享服务主要适用于大型跨国公司、跨区域企业和企业集团。

根据 ACCA 等 (2017) 的调查, 财务共享业务范围排在前 5 位的是费用清算 (93.0%)、应付账款 (82.8%)、总账管理 (81.4%)、应收账款 (80.0%)、资产管理 (66.0%)。ACCA 等 (2018; 2019; 2020) 通过对大量企业调研发现, 财务共享服务中心的业务范围主要包括订单到收款、成本核算、费用报销、采购到付款、固定资产核算、总账到报表等, 部分共享中心还承担了资金结算、发票管理、纳税申报等财务流程。共享中心正从核算共享逐步向资金共享、税务共享一体的方向发展, 成熟的财务共享服务中心流程自动化程度较高, 运用了商旅系统、电子报账系统、银企互联等、发票管理和开票系统等信息系统。共享中心目前业务范围也主要集中于与管理决策相关度较低、易于标准化和规模化的业务流程。

(二) 财务共享服务的实施动因

首先经济动机如节约成本是实施财务共享服务最常见的首要驱动因素 (Janssen 和 Joha, 2006; Seal 和 Herbert, 2013), 其次是战略动机, 如提高服务质量和优化业务流程（Goh 等，2007）、创造竞争优势（Paagman 等，2015）。张瑞君等（2010）和何瑛等（2013）认为，财务共享的目的是降低成本，提高服务质量和效率，促进核心业务发展，整合资源，实现战略支持。但罗真和李春（2016）认为，成本节约并不是财务共享建立的首要目的，标准化、加强管控、流程优化，才是其核心动机和价值体现。特别是对于我国中央企业来讲，建立财务共享最重要的目的是加强管控，避免国有资产流失，降低财务风险（ACCA 等，2019）。

（三）财务共享服务实施的关键因素

技术、人员、战略、组织、服务、管理、流程、外部环境等是影响财务共享服务核心价值提升的重要因素（Janssen 和 Joha，2008；何瑛和周仿，2013；Yang 等，2015；Richter 和 Brühl，2017）。财务共享服务的关键因素也可分为内部条件和外部因素，其中，内部条件包括系统、流程、结构、人事、组织、战略、绩效、服务等（Ramirez，2007）；外部因素包括市场、政策、技术、竞争等（Yang 等，2021）。

国内外学者在财务共享的关键实施因素方面进行了大量的探索。Mansar 和 Reijers（2005）在理论回顾与实践的基础上提出影响业务流程再造的客户、行为等关键因素。Janssen 和 Joha（2008）指出，执行战略、标准业务流程、信息系统、业务活动的重建和股东管理是影响共享服务实施的关键因素。Martin（2011）通过问卷调查发现，成功实施财务共享服务的六个关键因素是流程管理、变革管理、选址决策、组织结构、服务水平协议和战略规划。Derven（2011）认为，实施财务共享服务应重点关注的关键因素是企业文化、企业使命、管理水平、客户目标等。

张瑞君等（2010）通过大量案例研究发现，财务共享服务成功实施的关键因素包括组织变革、核心业务流程优化、网络财务系统整合、评价体系完善等。何瑛等（2013）发现，人员管理、绩效管理、组织结构设计、流程管理、信息系统、战略规划都会对财务共享服务产生正面作用，并且其作用程度依次增加。何瑛和周访（2013）认为财务共享服务的关键要素是组织结构设计、战略规划、过程管理、信息系统、绩效管理和人员管理。

在技术因素方面，信息技术（IT）可以促进财务组织和流程的创新革命和优化，为财务管理的协同与共享提供了强大的信息共享平台系统（ACCA等，2017）。

在人员因素方面，高端会计人才，特别是拥有财务决策分析、大数据分析技能的员工，为充分发挥财务共享的应用价值提供了人才支持（Andiola等，2020）。ACCA等（2018）认为，信息技术的应用，推动财务共享服务中心向企业"数据中心"转型，极大提升了共享中心的业务效率和服务能力。何瑛（2013）发现，企业集团通过不断的财务流程再造和IT协同集成，逐步实现了从财务集中、财务协同、财务共享到"财务云服务"的转变。

在流程因素方面，通过对集团的业务流程进行根本性的反思和彻底的重新设计，可以实现提高质量、服务和速度，降低成本等现代关键绩效指标（何瑛等，2013）。ACCA等（2020）认为，业务流程的标准化是财务共享服务中心专业化分工和高效运作的重要基础，通过对各财务业务流程、运营管理流程的设计、优化以及执行等，来明晰流程架构、规范业务流程，满足规范化管理和标准化要求，进而降低财务风险。ACCA等（2018）调研结果显示，流程标准化和集中化（95.3%）是共享服务中心保证流程处理质量最主要的措施。

在战略因素方面，服务质量、规划、实施、定位、设定目标、选址等因素为财务共享的实施设定了发展目标，进而在行业竞争中创造自己的独特点，进一步形成自己的竞争优势，从而创造价值（Ramirez，2007）。

在组织和人员因素方面，通过组织结构设计，明确FSSC与集团其他组成部分的关系，以及财务共享内各单位的权利和义务，使集团能够避免因权利和义务不明确而造成的运营障碍，促使组织有效运作，并实现组织承诺的目标（Gill，2011）。Janssen（2005）发现利益相关者的支持对顺利实施共享服务至关重要。Joha和Janssen（2014）发现，在个人和组织层面，法律和合同安排对于共享服务的配置至关重要。

在服务因素方面，财务共享具有以提供高性价比的服务为目标的特点，以客户需求为导向，设定相关基准以提高客户满意度（Martin，2011；许汉友等，2017；李闻一等，2017）。

在管理因素方面，将管理体系、财务管理体系、高级管理支持、内部控制等管理因素结合起来，为集团风险管理和绩效管理提供安全的平台，可以使财务共享中心真正发挥作用（Derven，2011）。Seal 和 Herbert（2013）的研究结果表明，基于 IT 标准化的结果，具有强大重塑能力的企业可以通过财务激励使员工接受更低的自主性，从而推进财务共享服务的顺利实施。

（四）财务共享服务的经济后果

财务共享服务的经济后果主要体现在管控能力、运营效率和经营绩效三方面。

在管控能力方面，Soalheira（2007）研究发现，财务共享模式解决了财务部门重复设置的问题，精简了组织结构，使企业能够集中精力与有限的资源快速支持创造利润的业务，促进财务人员的转型，实现财务效率的提升。Janssen 和 Joha（2008）认为，财务共享通过统一工作标准和流程、统一制度和信息系统、统一资金管理控制和调度增强了风险管理控制能力。ACCA 等（2017；2018）发现，通过实施财务共享服务，一方面实现了各地、各子公司业务处理流程的标准化和规模化，方便总部对分部进行统一管理，这提高了工作效率；另一方面，对大数据技术的运用有利于形成企业数据中心，使数据的实时收集、整理、分析及报告成为可能，并为经营决策分析提供数据基础，进而满足企业财务监控、财务规划及战略决策以及投资者关系管理等方面的需要。何瑛（2013）、何瑛和周仿（2013）认为财务共享通过流程管理增强了组织的应变能力和可持续发展能力，通过业务和财务一体化使集团的各项战略和财务管理需求能够直接传递至各业务单元的核心决策层，从而有效支持企业快速响应不断变化的业务环境。张庆龙等

（2018）发现，财务共享服务中心可以为企业新业务单元的设立以及规模的扩大建立财务等支撑性职能，不仅可以促进新业务的快速整合，还能大大降低管控的难度。王凤燕（2019）、李闻一和潘珺（2021）、刘娅和干胜道（2021）研究发现，财务共享服务中心可以显著提高内部控制质量以及商业信用融资规模。

在运营效率方面，罗真和李春（2016）发现，国内多个大型企业集团通过FSSC 来整合集团财务资源，发挥了全集团的规模和协同效应，成功实现了由传统会计向管理会计的转型。Petrişor 和 Cozmiu（2016）发现，罗马尼亚的财务共享可以有效支持企业的信息技术、财务、采购、营销等活动，并取得良好的效果。Tammel（2017）和张瑞君等（2010）认为财务共享有效提升了企业运营效率、实现了财务和会计成本的节约。Häusser（2013）发现，财务共享有助于提高审计效率，从而节省审计成本。张庆龙等（2016）发现，财务共享有利于整合各单位的非核心业务，快速统一服务标准、行为、业务规则等，可以大大减少业务人员数量，降低人力资源成本，能够大幅提高运营效率和标准化程度，形成规模经济，间接降低企业成本。ACCA 等（2017；2018；2019）、张庆龙等（2016；2018）以及王兴山（2018）还发现，财务共享服务以共享的方式为企业提供财务基础服务，通过对财务人员和组织结构进行优化，释放了大量基础性财务人员，在降低成本、提高效率、提升服务质量等方面卓有成效。周婷婷和王舒婷（2021）研究发现，中国上市公司建立财务共享中心后，运营效率得到持续改善。纳超洪等（2022）研究发现，财务共享能够显著降低集团成本粘性，但降低的是子公司运营成本粘性，对母公司运营成本粘性没有影响。

在经营绩效方面，何瑛等（2013）研究结果表明，财务共享服务对企业绩效具有短期波动、延迟效应和区别效应。刘娅和干胜道（2021）研究发现，企业集团通过建立财务共享服务中心，能够显著提升企业绩效，尤其对于非国有企业和规模较大的企业而言，这一影响更显著。李闻一和潘珺（2021）研究发现，财务共享服务中心能显著提高公司未来投资水平、改善公司经营绩效等。Chen

（2022）研究发现，财务共享能对企业的经营绩效产生积极影响，进而能够对实体经济赋能。王卫星和余天文（2021）研究发现实施财务共享服务能够降低成本，并提升企业的盈利能力和创新能力，进而更好地为企业战略服务。何瑛和周访（2013）指出，财务共享提升企业绩效的作用需要在长期内才能凸显。Yang等（2021）认为，财务共享服务模式在内部和外部因素的共同推动下，对企业的竞争优势产生积极或消极的影响。但财务共享在发展的过程中也面临诸多问题和挑战。财务共享服务模式还将面临组织结构、人员转型、实施方式、系统优化以及组织文化等方面的障碍（Gill，2011；Janssen 和 Joha，2008）。李闻一等（2017）发现，财务共享的服务质量存在着差距，需要持续改进。许汉友等（2017）发现财务共享的实践存在着规模效率未能充分发挥、行业发展不均衡、整体上进入弱退步期等问题。财务共享服务目前所面临的挑战主要有全球化带来的复杂性（Helbing 等，2013）、信息技术的漏洞和安全问题（Fielt 等，2014）、ERP 变化的风险（Ulbrich 和 Schulz，2014）、复合型的高端会计人才供应不足（Andiola 等，2020）、人员流失严重以及业务和财务的融合成本较高（Gao，2019）等，这些都有可能影响财务共享的整体实施效果。

二、会计信息质量的相关研究

（一）会计信息质量的衡量方式

与会计信息质量的定义相比，会计信息质量的衡量更具挑战性（Barth 等，2008），不同的研究采用不同的衡量方法。Schipper 和 Vincent（2003）讨论了以往文献中使用的几类收益质量结构，并将其分为四类，第一类包含持久性、可变性和可预测性的概念；第二类来源于现金、应计项目和收入之间的关系；第三类涉及 FASB "概念框架" 中的定性概念，包括相关性、可靠性、可比性、一致性，这四个概念形成一个整体，不能分隔；第四类源自决策的实施。Francis 等（2004）用收益属性来衡量会计信息质量，并将收益属性归类为基于会计或基于市场类型，基于会计的属性包括应计质量、收益持续性、收益可预测性和平滑性，而基于市场的属性包括价值相关性、及时性和可靠性。参考 Francis 等（2004）、Schipper 和 Vincent（2003）的研究，本书将会计信息质量的衡量体系划分为定性和定量两种。

定性方法。在准则的制定方面，我国自 2007 年 1 月 1 日开始实施与国际财务报告准则实质趋同的《企业会计准则——基本准则》，规定可靠性、相关性、可理解性、可比性构成我国会计的四种主要质量属性，公允性和决策有用性是财务会计信息的核心质量属性。2014 年 7 月 23 日我国财政部发布《关于修改企业会计准则——基本准则的决定》，对《企业会计准则》进行了修订，并沿用至今。虽然多年来我国的会计准则一直在更新，但关于会计信息质量的规定从未发生改变。而最近更新的《企业会计准则——基本准则 2020》也再次强调了其公允性、决策有用性、可靠性、相关性、可理解性、可比性的质量属性。国际会计准则 IASB（2008）认为，财务报告质量是要求财务信息在财务报表中具有相关性和真实性，以提高财务信息对投资者和债权人的决策有用性。随后 IASB 也经历了不断修订的过程，但关于财务信息质量的规定始终保持不变，IASB（2010）和 IASB（2018）认为相关性、真实性、可比性、可验证性、及时性、可理解性、成本大于收益等是会计信息质量的重要特征。

在定性研究方面，Schipper 和 Vincent（2003）认为会计准则的确认和计量要求的主要目标是决策有用性，并得到相关性、可靠性和可比性。Cheung 等（2010）认为相对性、及时性、正确性和全面性四个维度是信息质量的关键衡量标准。Lenormand 和 Touchais（2009）认为相关性意味着会计信息在多大程度上更能代表纳入市场价值（股价或回报）的事件，反映了财务报表披露的信息获取和总结企业价值的能力。Dechow 等（2010）认为，会计质量取决于财务信息的决策相关性。Zeghal 等（2012）认为及时性和稳健性是收益的理想属性，及时性被定义为收益反映好消息和坏消息的能力，稳健性被视为会计盈余反映经济损失与经济收益的不同能力。Dancer 等（2014）证明了相关性和全面性是信息质量的两个关键决定因素。Pǎşcan（2015）认为，如果财务信息具有可比性、可核实性、及时性和可理解性，其有用性就会提高。Choi 和 Suh（2019）研究发现，可比性是一种独特的会计信息质量，通过约束和改善管理层不当行为，提高基于股权的合同的有效性，进而促进管理层薪酬契约更好地执行。

定量方法。会计信息质量常用的衡量指标主要包括：盈余管理（Jones，1991）；收入平滑（Zeghal 等，2012；Chen 等，2010；Uyar，2013）；异常盈余收益（Chen 等，2010）；盈余操纵（Zeghal 等，2012）；应计质量（Zeghal 等，2012；Chen 等，2010）；可自由支配项目（Zeghal 等，2012；Chen 等，2010）；盈余质量（Callen 等，2013）；会计重述（Burns 和 Kedia，2006）；欺诈（Johnson 等，2009）；错报（Schrand 和 Zechman，2012）等。

综合前人研究，大多数盈余质量研究集中在可自由支配的应计项目上。应计项目包括可自由支配和不可自由支配两个部分，与应计项目中反映自然产生和不可自由支配的项目不同，可自由支配项目（也即自由裁量权）反映了管理层的判断以及其对财务报告的收益管理程度（Bajra 和 Cadez，2018）。而管理者使用自由裁量权的原因主要是传递私人信息、降低感知风险、改善外部融资、超越基准收入或增加应计收入等（García–Meca 和 García–Sánchez，2018）。DeAngelo（1986）将异常应计总额定义为当前应计总额（自由裁量部分）和正常应计总额（非自由裁量部分）之间的差异，这种方法的基本假设是，当年应计项目和上一年应计项目之间的差异完全是由于可自由支配的应计项目的变化。Jones（1991）将可自由支配的应计项目用作收益质量的指标，并构建了 Jones 模型，该模型将会计（经济）基本面确定为正常或非自由应计项目的决定因素，认为异常应计项目往往反映较低的收益质量。

学者们还从会计盈余、会计稳健性、盈余可持续性、信息含量、盈余反应系数、管理层决策等方面对会计信息质量进行了度量。Watts 和 Zimmerman（1986）

认为会计盈余能够传递有关现金流量和公司价值的信息，直接决定会计信息质量。Ball 和 Shivakumar（2005）考察了会计盈余反映经济损失和经济利益的不对称性和速度，研究结果一致表明会计盈余对经济损失的反应快于经济利益，并把会计盈余对经济损失的及时确认作为会计稳健性的测量方式，并指出其是财务会计信息质量最重要的一个特征。Francis 等（2005）将利用长窗口的股票收益率回归会计盈余变化而得到的斜率即盈余反应系数作为会计信息质量的尺度，认为该指标总体上能够表征会计信息捕捉和反映企业经济业绩的能力。Kirschenheiter 和 Melumad（2004）用损失确认的及时性来衡量经理是否会利用自由裁量权来传达对决策有用的信息来作为会计信息质量的度量。Schipper 和 Vincent（2003）、Chen 和 Gong（2019）认为盈余的可持续为收益表现持续到下一个时期的程度，并将其作为会计信息质量的一个重要特征。

会计信息质量的其他衡量方法。曾颖和陆正飞（2006）用深交所信息披露考评衡量上市公司信息披露的总体质量。Beest 等（2009）用披露质量和信息不对称来衡量财务报表质量。李青原（2009）认为盈余属性主要包括应计质量、可预测性、价值相关性、及时性、会计稳健性，并用 Dechow 和 Dichev（2002）模型、Ball 和 Shivakumar（2005）"非线性应计"模型、Jones 模型、盈余平滑度四个指标来构建一个衡量会计信息质量的综合指数。Schrand 和 Zechman（2012）用审计师离职来衡量收益质量。杨海燕等（2012）选择了财务报告可靠性和信息披露透明度作为会计信息质量的度量。Chen 和 Gong（2019）用财务重述、自由裁量权到现金流的映射、审计费用作为财务报表质量的衡量方法，发现会计信息的可比性与财务重述、审计费用和绝对自由权责发生制的可能性负相关，与可自由支配的应计项目的持续性正相关。Wruck 和 Wu（2021）所构建的信息披露质量指数是利用可自由支配的应计项目的质量、自愿披露的数量和质量、财务报表信息的详细程度以及监管机构的评价综合而成。

（二）会计信息质量的影响因素

会计信息质量的影响因素主要包括内部和外部两种类型：内部因素主要包括

公司治理、高管特征、企业自身特征、信息技术等；外部因素主要涉及制度环境、经营环境、产品市场等。

1. 公司治理

良好的公司治理可以解决代理问题，并保护外部投资者免受内部人的侵占（Habib 和 Jiang，2015）。Karpoff 等（2008）发现，在拥有独立董事会和外部股东持股更多的公司，进行财务报告操纵的经理更容易失去工作。张子文和李竹梅（2017）研究发现，良好的公司治理安排能够提升会计信息质量。乔金（2015）研究了股权结构、董事会特征、监事会特征公司治理结构特征与会计信息质量之间的关系，发现国家股、法人股、董事会规模、监事会规模、职工监事比例与会计信息质量呈现负相关关系，独立董事比例、股权制衡度与会计信息质量呈现出正相关关系，董事长和总经理兼任与会计信息质量呈现出负相关关系。此外，王稳华（2022）还发现，党组织参与公司治理能够提升会计信息质量。

具体而言，在董事会特征方面，Yermack（1996）发现，当董事会成员超过7人时，公司的价值会下降。Vafeas（2000）发现，董事会越小，其收益的信息含量越高。汪芸倩和王永海（2019）研究发现，CFO 兼任董秘会削弱公司内部监督，让管理层有更大的空间进行盈余操作，进而降低公司会计信息质量。许楠等（2016）发现创始人不兼任 CEO 的企业会计信息质量更高。

在股权持有者特征方面，李璐和姚海鑫（2019）研究表明，风险投资参与显著提高了被投资企业会计信息的可比性。Hsu 和 Liu（2016）认为，外商直接投资的企业组织结构更为庞大，信息交易更为复杂化，增加了信息不对称。Wang（2017）的研究则发现，外国直接投资公司的管理层可能利用会计策略误导利益相关者，降低会计信息质量，以追求个人利益。La Porta 等（1999）等发现股权集中度高的公司会计信息质量低。邓启稳等（2014）发现上市公司控股股东持股对会计信息质量有负影响，但管理层持股对会计信息质量有正面影响。Wang（2017）的研究发现，管理层持股降低了会计质量和特质波动性。

在内部控制和内部审计方面，王晶等（2015）结果表明，内部控制与会计信息质量呈显著正相关关系，高质量的内部控制有助于显著提高企业的可预见性，改善企业的盈余持续性和盈余预测能力，同时内部审计活动对会计信息质量有显著的正面影响。程新生等（2015）发现审计委员会的存在提高了财务会计信息的质量，审计委员会透明度的提高、信息权的提升显著提升了会计信息质量。

在高管薪酬激励方面，高管的薪酬激励通常包括股权薪酬和债务薪酬激励。已有文献研究了经理基于股权的薪酬激励以及类似债务的薪酬激励对财务报告质量的影响（Feng等，2011；He，2015），发现CEO股权薪酬（类似债务）和财务报告质量之间的负（正）关系。在股权薪酬激励方面，Wruck和Wu（2021）的研究表明，拥有期权薪酬的首席执行官有动机通过操纵收益来推高市场预期，使一家公司的股价在很长一段时间内偏离其长期基本价值。刘慧凤和杨扬（2009）研究发现高管薪酬契约具有会计信息激励效应，股权激励主要通过促使管理层向投资者提供更高质量的会计盈余或自愿披露更多可靠的私有信息来提高公司信息透明度，因此增加管理层股权激励薪酬比重可以降低应计盈余管理程度。但LaFond和Roychowdhury（2008）研究发现，首席执行官的股权激励与会计稳健性负相关。王生年和尤明渊（2015）研究发现，上市公司信息披露质量随管理层薪酬激励程度的增加先升后降，呈倒"U"型关系，薪酬激励虽然可以有效缓解股东与管理层之间的利益冲突，但也有可能促使管理层为了获得更多的薪酬而利用其信息优势进行选择性披露，从而影响信息披露的质量。在债务薪酬激励方面，He（2015）发现，CEO内部债务持有与异常应计项目、更高的应计项目质量、更低的盈余错报可能性以及更低的盈余基准跳动发生率负相关。Dhole等（2016）也发现持有内部债务的CFO通过盈余管理减少盈余平滑，这将有助于提升财务信息质量。

2. 高管特征

管理层对财务信息披露有重要影响（Bamber等，2010）。研究表明，管理层的特征（Francis 等，2008）、经历（Malmendier 和 Nagel，2011）、过度自信（Schrand 和 Zechman，2012）、财务专业知识（Matsunaga 和 Yeung，2008）、性别和年龄（Habib 和 Hossain，2013）、声誉（Francis 等，2008）等，对财务报告的生产过程起着关键作用，并通过影响经营决策对收益质量产生重大影响（Cui 等，2015）。

在性别方面，男性通常对经济利益和成功感兴趣，更有可能通过打破规则从而在竞争中获得成功，而女性倾向于和谐的关系和帮助他人，不太可能从事不道德行为（Mason 和 Mudrack，1996）。同时女性比男性更厌恶风险，这意味着女性在公司信息披露方面更保守，更少出于机会主义动机参与盈余管理。基于女性避险偏好，女性高管经营的公司财务信息透明度更高（Gul 等，2011；Ho 等，2015），盈余质量也更高（Srinidhi 等，2011），更倾向于进行自主信息披露（万鹏和曲晓辉，2012），发生财务舞弊的风险相对更低（周泽将等，2016）。同时女性高管与评估重大错报风险负相关（Gull 等，2021），面临更低的诉讼风险（徐宗宇和杨媛媛，2020）。Srinidhi 等（2011）发现，当审计委员会中有女性董事时，经理将表现出更好的财务报告纪律，进而提高盈余质量。Ran 等（2015）的研究也表明女性高管是中国会计信息质量提高的持续驱动力。有研究还发现与男性董事长领导的公司相比，女性董事长领导的公司内部治理机制更加完善，股东之间的利益冲突更低，财务信息披露质量更高（窦超等，2022），对公司治理的影响也更为积极（罗栋梁等，2018）。

在年龄方面，年龄往往代表管理者的经验和风险倾向，影响其行为选择（柳光强和孔高文，2018；Serfling，2014）。年龄大的管理者倾向于采取风险较小的决策（Vroom 等，1971；Hambrick 和 Mason，1984）。高管年龄与公司财务重述负相关，与企业违规负相关（鱼乃夫和杨乐，2019）。年长 CFO 往往比较保守，其行为决策更倾向于符合行业标准和历史经验，对于盈余操作将更加谨慎，因而防止主观会计差错的发生（何威风和刘启亮，2010）。而年轻高管具有更强的风险偏好（Child，1974），在经营决策中，倾向于更高的债务水平、R&D 投资以及投机行为（Serfling，2014），采取更激进的信息披露决策（何威风和刘启亮，2010）。

在专业背景方面，由于在某一领域的长期工作经历，高管往往在该领域拥有较强的专业知识和更清晰的认知，能有效地解读该领域的相关信息，做出合理的决策（Hitt 和 Tyler，1991）。Bamber 等（2010）的研究发现，具有法律背景的经理往往会降低收益预期，表现出对诉讼风险更强的敏感性，而拥有财务专业背景的经理则往往拥有更精确的财务报告风格，在未来收益预测方面表现出保守性。Ran 等（2015）研究结果表明，具有会计背景或学术背景的高管能够促进会计信息质量的提升。Feng 等（2011）发现 CFO 的 CPA 资格、审计经验、工龄、工作经验、专业知识等对会计信息质量有显著影响。高管的财务专长能够显著降低会计差错发生的概率和频率（王霞等，2011），抑制公司财务违规发生的次数和严重性（俞雪莲和傅元略，2017）。高管财务专业能力越强、财务工作经验越丰富、任职期限越长，越能准确和及时把握以及应对会计准则和政策法规，有效地规避风险（何凡等，2015；张川等，2020），进而促进会计信息质量的提高。

在海外背景方面，具有海外背景的董事有着更低的集体主义倾向、更强的投资者保护意识和社会责任观念，以及更低的盈余管理水平（何平林等，2019）。有海外背景的高管更为熟悉海外组织机构的运作，海外工作或学习经历也使得其获取了先进的公司管理经验（罗思平和于永达，2012），有助于督促企业建立良好的管理制度，严格遵循公司治理准则（贺亚楠等，2019），更有效执行董事会的监督职能和改善公司治理水平（杜勇等，2018），进而降低应计盈余管理水平（贺亚楠等，2019）。已有证据表明，具有海外背景的董事越多，上市公司信息披露质量提高的概率越大（何平林等，2019）。此外，具有海外背景的高管与本地关系的联系较弱，能够避开其他目标的干扰，致力于提高公司的信息质量（Giannetti 等，2015）。

在管理者权力方面，何凡等（2015）和陈淑芳等（2020）的研究发现，CEO权力越大，会计信息质量越差。但媒体负面报道可以削弱管理层权力对会计信息质量产生负面影响的能力（陈淑芳等，2020）。

在管理者能力方面，管理者能力对财务报告的质量起着重要作用，研究表明，有能力的经理对业务状况更了解，可以通过减少后续重述、降低坏账准备的错误、提高持续收益和应计项目的质量来改善公司收益质量（Demerjian等，2013），不太可能投机性从事收益管理活动（García-Meca 和 García-Sánchez，2018）。有能力的经理还可以发展出特定的管理风格，并结合个人经历和教育背景，促进公司的财务报告质量呈现出一定的稳健性特征（Bamber等，2010）。

3. 企业自身特征

叶青等（2012）发现，与非富豪公司相比，富豪公司的会计信息质量在上榜后明显下降。张娆（2014）基于企业间网络关系视角，发现联结企业与目标企业会计信息质量具有一定相似性，当联结企业的会计信息质量越高时，目标企业的会计信息质量也越高。唐松等（2017）实证检验发现，对于民营企业而言，国有转制型比创业型的企业会计盈余信息含量更低。罗忠莲和田兆丰（2018）研究发现，战略差异度越大的公司会计信息可比性越低。Duréndez 和 Madrid-Guijarro（2018）对252家中小型西班牙家族制造企业进行研究发现，"权力"维度（即家族成员参与管理的百分比）降低了财务报告的质量；而"经验"维度（即不同家族世代参与业务的程度）则促进了收益持续性和保守性；"文化"维度（即公司和家庭共享价值观、规范和信仰的程度）从实际收益的角度抑制了盈余管理，同时有利于盈余持续性和保守性。

4. 信息技术

IT（信息技术）的运用可以大大提高会计信息的处理能力，降低信息不对称性和信息处理成本，缓解信息使用者与生产者之间的冲突，提高会计信息质量（谢诗芬，1999）。IT广泛应用于 AIS（会计信息系统）、ESS（企业系统）、

XBRL（可扩展性商业报告语言）、ERP（企业资源计划），并对会计信息质量产生了重要的影响。申香华（2009）发现信息技术显著提高了会计信息的可靠性、相关性、及时性、可比性、重要性、可理解性以及一致性。

ESS 是支持企业价值链过程的信息技术系统，通过整合业务职能来保存、处理和传播提供日常活动信息（Davenport，1998），通过跨业务功能的自动化、标准化和集成交易，减少了财务周期、改善内部控制（Morris，2011）和改进内部信息环境（Dorantes 等，2013），有助于公司的价值链自动化、标准化和业务流程的集成（Dorantes 等，2013）。ESS 通过将适当的商业实践和会计准则嵌入专家系统（Morris 和 Venkatesh，2010），减少信息处理和决策中的管理酌处权（Brazel 和 Agoglia，2007），使会计错报的可能性更小，有助于会计信息质量的提升（Dechow 和 Mouritsen，2005）。Dorantes 等（2013）的研究也发现，在实施 ESS 后，管理层发布的预测变得更加准确。

XBRL 创建了展示公司财务信息的统一框架，被定义为提供了一种可理解、机器可读的基于 XML 的数据格式，它可以简化信息收集和报告的过程，实现与业务数据的交互，使数据的准备、处理和验证变得容易（Reformat 和 Yager，2015）。XBRL 能够消除昂贵的人工流程，并将财务披露标准化，通过对财务会计要素进行详细标记，提高数据分析的效率，从而实现更准确和有效的信息处理（Kim 等，2012）；可以促使数据以更低的成本和更及时的方式提供，从而提高数据获取的速度（Efendi 等，2014）。XBRL 有助于从数据中提取财务和公司治理指标，方便快捷地搜索、比较和计算财务比率（Blankespoor 等，2014），并以标准化标记结构提供了一种跨公司比较信息的方法，允许投资者快速比较项目，进而增强会计信息的可比性。XBRL 通过自动检查信息来提高财务数据的报告速度并降低错误风险（Liu 等，2014），可以为每个特定的用户分解和重新格式化数据，有潜力将财务数据从形式中解放出来（Alles 和 Piechocki，2012），并致力于提升信息的透明度和质量（Yoon 等，2011）。Efendi 等（2014）研究也发现，

XBRL 报告格式可以为投资者提供增量信息价值。

Tobie 等（2016）的研究发现，ERP 能够改善和规范企业内部流程，在一定程度上降低运营成本，提高企业的组织决策能力，促进信息质量的提升。纳鹏杰和纳超洪（2012）发现，有 ERP 的公司财务管理效率更高。Chen 等（2019）研究，发现不同治理环境下的集团信息管控会影响公司价值。

信息技术催生了企业数字化转型，带来了企业管理范式、制度的颠覆性变革。企业可以运用数字技术重构管理体系（Ebert 和 Duarte，2018），构建企业与利益相关者价值互惠的透明空间（肖红军，2021），有助于降低企业第一类和第二类代理成本（刘淑春等，2021）。数字技术能够打破高管信息垄断，弥补企业内外部信息鸿沟（聂兴凯等，2022），对信息的汇总与披露进行标准化处理，使得隐瞒信息或对信息进行选择性披露的成本越来越高，难度越来越大，可以有效减少企业信息披露的违法行为（黄大禹，2021）以及盈余管理行为（罗进辉和巫奕龙，2021）。数字技术还能充分挖掘和释放数据与信息的价值，有效提升信息的可利用性和相关性（吴非等，2021；聂兴凯等，2022），并能提升企业的社会责任绩效（Na 等，2022）。

5. 外部环境

财务信息并非存在于社会的真空里，它还受到外部政治、经济、法律、文化和会计基础因素的影响。

在财务会计制度与准则方面，已有文献表明，IFRS 的采用降低了资本市场的信息不对称，促进了财务报表的跨境可比性，提高了财务的透明度和收益质量（Barth 等，2008；Chen 等，2010）。还有文献研究了自愿采用 IFRS 与强制采用 IFRS 对会计信息质量的影响。Ball（2006）的研究发现，强制性采用 IFRS 有利于促进会计信息的跨境可比性，提高报告透明度，降低信息成本，减少信息不对称。但 Palea（2013）研究发现，自愿采用国际财务报告准则的公司盈余管理程度更低、对损失的确认更及时、会计信息的价值相关性更高，而强制采用国际财务报告准则的公司会计信息质量几乎没有得到改善。Li 等（2021）的研究发现，采用 IFRS 的公司提供了更多的分类信息，如在资产负债表上更详细地披露无形资产和长期投资，在损益表上更详细地分解折旧、摊销和非营业收入项目，提高了市场流动性，减少了信息不对称。此外，王跃堂等（2001）和刘峰等（2004）发现，较高水平的会计政策改革和法制化有助于提高会计信息质量。而张肖飞（2014）实证研究结果发现，会计准则趋同确实提升了会计信息透明度，能够更好地实现资源配置。

在法律政治制度方面，De George 等（2016）认为财务报告质量不仅取决于会计准则，还取决于一个国家的法律制度，法律和政治制度通过会计准则执行和对经理以及审计师的诉讼来直接影响会计质量，在普通法渊源和股东权利受到高度保护的国家，会计质量更高。La Porta 等（1999）研究表明，更完善的会计制度、更好的投资者保护以及相关政策的有效执行减少了管理者操控盈余的机会和能力，对更高信息透明度的需求也随之增加。Bushman 等（2004）研究发现，政府治理水平越高，法律或司法体系越强，越有利于营造良好的市场环境，契约的设计和执行效率更高，市场配置效率也更高，进而对高质量财务会计信息的需求提升。强有力的法律体系有助于增强对上市公司盈余操控行为的约束（Fung 等，2013；何平林等，2019），特别是在投资者保护力度较强的地区，管理层所承受的来自外界的压力更大，为了缓解由于信息不对称所产生的代理问题，更倾向于披露真实的交易或事项的会计信息（La Porta 等，2002）。Francis 和 Wang（2008）也发现，在投资者保护强的国家，由五大审计师审计的公司的盈余质量高于非五大审计师。法律政治制度也可能通过所有权结构间接影响收益质量。

在金融市场环境方面，韩雪（2016）研究发现，注册制新股发行制度加强了事后监管，改变了上市公司盈余管理的程度和方式，从而促进了中国资本市场会计信息质量的提高。傅蕴英和张明妮（2018）发现，货币政策对不同板块会计信息披露质量的影响存在差异，其中中小板非国有企业受到的影响最大，当货币政策越紧时，中小板非国有企业的会计信息披露质量更高，而主板和创业板企业则基本不受影响。

在经营环境方面，市场交易环境的变化以及市场主体行为的不可预知性导致企业面临着不确定性风险（Drago，1988）。环境不确定性会增加企业制定经营决策的难度，降低经营预测的准确度，引起公司盈余的波动性，进而增大企业的经营风险和财务风险（Govindarajan，1984；申慧慧，2010），为了缓解不确定性带来的负面影响，管理者有动机去进行激进的盈余管理（申慧慧，2010；申慧慧等，2012）。同时高环境不确定性会导致企业经营预测的难度加大，外部投资者难以准确地评估管理层的经营业绩和公司价值，使管理层有机会隐藏不道德行为和经营不善带来的负面影响（廖义刚，2015）。此外，环境不确定性使得公司管理层更容易隐藏公司"坏消息"（周晓苏等，2016），选择有利于内部人的会计政策和会计估计方法，比如提前确认未来年度盈余、延迟确认损失，这提高了公司的盈余管理程度，降低了财务报告透明度（潘临等，2017）。

在产品市场方面，产品市场竞争一方面可以提高公司的信息不对称程度，使评价管理者的努力程度的指标更加客观，有助于鼓励管理者选择有利于股东利益的长期行为（Nalebuff 和 Stiglitz，1983），促使管理者提供信息含量更高的财务报告，从而降低盈余管理的程度（Marciukaityte 和 Park，2009）；另一方面，可能会导致企业为避免竞争而限制信息流向公众，减少盈余中的信息含量，提升盈余管理的程度（Verrecchia，1983）。Balakrishnan 等（2011）的研究也表明行业竞争程度越强，信息披露质量越高，市场竞争对公司管理层会计财务信息误报的约束越强。但袁知柱等（2017）发现，激烈的市场竞争会导致管理层提供可比性较低的会计信息。Shleifer（2004）发现，出于职业发展以及自身利益最大化的考虑，管理层有动机去进行盈余操纵。张欢（2014）研究结果显示，金融危机爆发后，竞争性行业的上市公司比垄断行业的上市公司进行了更多的盈余管理。

在市场化程度方面，处于经济较发达和市场制度环境较好地区的上市公司，本身履行法律义务的意识也较强（牟涛等，2012），管理层也有更好的市场意识和投资者保护意识，有意愿通过各种途径来表明自己的公司会计信息质量（罗炜和饶品贵，2010）。在良好的法治环境中，市场环境往往更公平，这将有助于提升外部投资者和监管机构参与公司治理的动机和机会，促使企业更加规范地执行会计准则，在加强投资者保护的同时，也有助于提供更高质量的会计信息（Bushman 和 Piotroski，2006）。大量文献证明了高市场化程度对会计信息质量的积极作用。牟涛等（2012）发现，该地区市场化程度越高，上市公司越倾向于提前披露年报。姜英兵和严婷（2012）发现，市场化程度越高，法律保护越好，政府干预越少，区域内上市公司会计信息质量越高。陈德萍和杨洁（2013）指出市场化水平一定程度上体现着投资者保护程度，市场化水平越高，投资者保护水平较高，而在投资者保护机制越有效的国家，盈余管理越少（Burgstahler 等，2006）。

三、总结与评述

（一）已有研究总结

根据以上文献梳理可以看出，财务共享是近些年一个较为新颖的研究话题，目前已经取得了一定的研究成果，但以定性研究居多，缺少定量的相关研究。在财务共享的业务范围、实施的关键因素方面，以实务层面的归纳总结居多，其业务范围主要涉及包括应收、应付、费用报销、总账管理等；实施的关键因素包括技术、人员、战略、管理、流程、外部环境等，这些因素构成了实施财务共享的前置条件。在财务共享的经济后果方面，仍然以案例研究为主，较少涉及实证研究，且研究成果集中于财务共享对管控能力、运营效率和经营业绩的影响。此外，实施财务共享并非总能带来好的结果，在实施过程中也存在一些问题和挑战，比如服务质量存在差距、规模效应未能充分发挥、行业发展不均衡等问题，这些形成了实施财务共享的后果。

已有文献以定性研究为主的原因在于，一方面，实施财务共享的企业对于上市公司整体而言相对较少，且属于企业商业机密和战略管理的一部分，为了防止信息被竞争对手知晓，部分企业选择不披露或者有限披露，即便在主动披露的公司中，公开、可利用、有价值的数据也非常有限，难以获取公司在财务共享建设投入、发展阶段等方面的有效数据，这导致财务共享数据的获取较为困难，难以开展大样本的研究；另一方面，财务共享的实务性较强，主要应用于企业财务管理实践，而企业集团在财务共享实践中形成了较为丰富的案例，这也为开展实地调研、案例研究以及问卷调研等提供了大量素材。

相比于财务共享的研究，会计信息质量的研究一直都是会计领域的重点和热点，是一个成熟的研究话题，目前已经取得了较为丰富的研究成果。会计信息质量的衡量方式主要包括定性和定量两种，影响因素则包括内部和外部两种，内部因素主要包括公司治理、高管特征、企业自身特征、信息技术，外部因素主要涉及外部环境，主要包括制度环境、经营环境、产品市场等，但现有文献尚未涉及财务共享的实施对会计信息质量影响的相关研究。

通过梳理财务共享经济后果以及会计信息质量影响因素的文献可以发现，现有文献尚未将财务共享与会计信息质量结合起来进行系统性研究，但财务共享与会计信息质量存在着千丝万缕的联系。财务共享依托于信息技术，通过流程、组织、人员、系统、战略的再造，将现有的业务流程进行规模化处理以降低成本、提升财务效率、实现信息的共享，重塑着企业信息的输入和输出的方式、流程、能力和质量等，必然会对会计信息质量产生一定的影响，但现有文献忽略了两者的研究。

（二）本书研究贡献

已有文献缺乏关于财务共享与会计信息质量的相关研究，本书试图弥补这一不足。本书首先论证了财务共享对会计信息质量的影响以及影响机理，揭开了财务共享影响会计信息质量的黑箱，基于信息视角丰富了关于财务共享经济后果的相关研究；其次，基于财务共享实施的组织环境、实施主体与实施环境，从集团管控、高管特征以及外部环境层面论证了企业内外部因素如何在财务共享与会计信息质量之间产生异质性影响，从组织管理和制度环境层面拓展了财务共享对会计信息质量影响的边界条件。

第三章　制度背景与理论分析框架

第一节　制度背景

一、中国会计信息化发展历程

40 多年来，中国会计信息化的发展历程包括会计电算化、会计信息化（狭义）和会计智能化三个阶段。具体划分如表 3.1 所示。

表 3.1　中国会计信息化的发展历程

阶段名称	时间节点	阶段内容	阶段产品应用
会计电算化	1979	会计电算化实验探索阶段	电子计算机会计核算
	1980		基于 DOS 平台的核算型单机用户软件
	1988	会计电算化商品化软件阶段	通用化、商品化财务软件
	1990		基于 DOS 平台的财务软件
	1992		DOS 平台下基于局域网的网络版财务软件
	1995		基于 Windows 平台的财务软件
	1996		基于 DOS 平台的管理型财务软件

续表

阶段名称	时间节点	阶段内容	阶段产品应用
会计信息化	1998	会计信息化产生阶段（ERP）	ERP 软件：从财务软件向管理软件转型
	1999		基于大型数据库的企业级财务软件
	2000	会计信息化初步应用阶段（网络财务）	基于 B/S 结构和 WEB 技术的企业管理软件
	2002		ERP-网络分销-移动电子商务系统
	2004		ERP Ⅱ
	2005	会计信息化推进与发展（会计信息化标准和财务共享）	财务共享服务
	2006		XBRL 相关产品
	2007		管理会计信息化平台
	2008		基于 SOA 架构的企业管理软件
	2010		企业管理决策解决方案
	2011		财务决策支持系统
	2012		企业云应用平台
	2013		财务云
	2015		企业互联网管理平台
会计智能化	2016	会计智能化初步阶段（局部智能化）	机器流程自动化（RPA）
	2017		智能财务共享
	至今		智能化管理平台

资料来源：张庆龙，董皓，潘丽靖. 财务转型大趋势：基于财务共享与司库的认知［M］. 电子工业出版社，2018.

中国会计信息化的发展始于 1979 年，当时财政部以 500 万元支持长春一汽的会计试点项目，会计电算化由此拉开序幕。1980 年，在"财务、会计、成本应用电子计算机问题研讨会"上，会计电算化的概念第一次被提出，标志着中国正式进入会计电算化的探索阶段。随后全国各地的企业陆续开始在政府指定的基础上开发会计软件产品，此时市场以电子计算机会计核算、基于 DOS 平台的独立会计软件以及为企业定制的会计软件为主导。

1988 年，"首届会计电算化学术研讨会"对会计软件的商业化进行了探讨。随后，《会计软件管理若干规定（试行）》颁发，对商业化会计软件提出了基本要求。此时中国进入了会计电算化商品化软件阶段，市场以通用化、商品化财务软件、基于 DOS 平台的财务软件、DOS 平台下基于局域网的网络版财务软件、基于 Windows 平台的财务软件、基于 DOS 平台的管理型财务软件为主导。

1998 年，"向 ERP 进军"新闻发布会召开，改变了市场上商业会计软件功能以会计为主的局面，管理软件越来越受到企业的重视。在"会计信息化理论专家座谈会"上，会计信息化的概念被提出，此时中国进入了会计信息化产生阶段。ERP 软件的出现，实现了从财务软件到管理软件的转型，基于大型数据库的企业级财务软件得到应用。随着信息技术的不断发展，用友和金蝶在 2000 年推出了各自的网络软件服务，中国开始进入会计信息化初步应用阶段，即网络财务阶段。会计信息化产品也实现了由基于 B/S 结构和 WEB 技术的企业管理软件、ERP-网络分销-移动电子商务系统向 ERP Ⅱ 的迭代更新。

2006 年，中国会计学学会会计信息化专业委员会主办，财政部财政科学研究所承办，中国 XBRL 研讨会举办，同年中兴通讯也成立了财务共享服务中心，由此拉开了中国会计信息化标准建设和财务共享的序幕。在这个阶段，相关信息化产品层出不穷，迭代更新的速度明显加快。财务共享服务、XBRL 相关产品、管理会计信息化平台、基于 SOA 架构的企业管理软件、企业管理决策解决方案、财务决策支持系统、企业云应用平台、财务云等纷纷涌现，不断为企业提供新的财务解决方案。

2016 年，德勤（Deloitte）和基良系统（Kira Systems）宣布将人工智能引入会计、税务、审计和其他工作。随后，金蝶、用友和元年等软件供应商以及四大会计师事务所也纷纷推出了各自的财务机器人解决方案。中国由此进入了会计智能化的初步阶段，即局部智能化阶段。机器流程自动化（RPA）、智能财务共享、智能化管理平台逐渐推广并得到应用，这也是未来财务智能化的趋势。

二、中国会计信息化与会计信息质量相关政策

（一）中国会计信息化相关政策

中国会计信息化相关政策如表3.2所示。1986年，上海财政局发布《关于在本市国营工业企业中推广会计电算化应用工作的若干规定》，要求全市国营工业企业开展会计电算化工作。1987年，财政部发布《关于国营企业推广应用会计电算化工作的若干财务问题的规定》，要求使用微型电子计算机开展会计电算化工作。1989年，财政部印发《会计核算软件管理的几项规定（试行）》，对商品化会计核算软件提出了明确要求，用以指导会计软件产业的发展。1990年，财政部又印发《关于会计核算软件评审问题的补充规定（试行）》，对会计核算软件的评审提出了要求。此后，相关政策陆续发布，会计核算软件的功能得到重视和深化，会计电算化逐渐与社会主义市场经济相匹配。在这期间，中国企业会计电算化启动和发展的资金来源以财政拨款为主，具有典型的行政监督特征。

表3.2 中国会计信息化相关政策

实施时间	政策名称	文号	主要内容
1986	《关于在本市国营工业企业中推广会计电算化应用工作的若干规定》	上海市财政局〔1986〕44号	上海市财政局开展会计电算化工作
1987	《关于国营企业推广应用电子计算机工作中若干财务问题的规定》	国办发〔1986〕92号	使用微型电子计算机开展会计电算化工作
1989	《会计核算软件管理的几项规定（试行）》	财会〔1989〕65号	商品化会计核算软件的要求
1990	《关于会计核算软件评审问题的补充规定（试行）》	财会〔1990〕19号	会计核算软件的评审
1994	《会计电算化管理办法》	财会〔1994〕27号	深化会计核算软件的功能
1994	《关于大力发展我国会计电算化事业的意见》	财会〔1994〕15号	会计电算化与社会主义市场经济相匹配

续表

实施时间	政策名称	文号	主要内容
1995	《会计电算化知识培训管理办法（试行）》	财会〔1995〕18 号	会计电算化知识培训工作
1996	《会计电算化工作规范》	财会〔1996〕17 号	明确开展会计电算化单位的规范要求
1997	《关于对申报重新评审会计核算软件加强管理的通知》	财会〔1997〕29 号	申报重新评审会计核算软件的条件和程序
2002	《关于大力推进企业管理信息化的指导意见》	国经贸企改〔2002〕123 号	明确国家重点企业管理信息化的要求
2005	《会计从业资格管理办法》	财政部令第73 号	明确会计信息化是会计从业人员考试内容
2006	《会计人员继续教育规范》	财会〔2006〕19 号	推动会计信息化职业教育
2006	《2006-2020 年国家信息化发展战略》	中办发〔2006〕	明确国家信息化发展方向
2009	《财政部关于全面推进我国会计信息化工作的指导意见》	财会〔2009〕6 号	明确会计信息化的工作方向
2010	《关于发布企业会计准则通用分类标准的通知》	财会〔2010〕20 号	规范编制 XBRL 财务报告
2011	《关于企业会计准则通用分类标准实施若干事项的通知》	财办会〔2011〕2 号	实施企业会计准则通用分类标准
2011	《关于加强中央企业财务信息化工作的通知》	国资发评价〔2011〕99 号	应当在集团层面探索开展会计集中核算和共享会计服务
2012	《关于继续做好企业会计准则通用分类标准实施工作的通知》	财会〔2012〕10 号	进一步明确企业会计准则通用分类标准
2012	《关于开展可扩展商业报告语言\〔XBRL〕技术规范系列国家标准符合性测试工作的通知》	财会〔2012〕14 号	明确会计标准化工作
2013	《企业会计准则通用分类标准编报规则》	财会〔2013〕11 号	保证企业会计准则通用分类标准一致实施
2013	《企业会计信息化工作规范》	财会〔2013〕20 号	明确信息化环境下的企业会计工作的规范
2014	《关于全面推进管理会计体系建设的指导意见》	财会〔2014〕27 号	鼓励大型企业和企业集团充分利用专业化分工和信息技术优势，建立财务共享服务中心
2015	《关于发布 2015 版企业会计准则通用分类标准的通知》	财会〔2015〕6 号	确保采用 XBRL 编报财务报告的质量

续表

实施时间	政策名称	文号	主要内容
2015	《会计档案管理办法》	国家档案局令第79号	加强会计档案管理
2015	《关于推行通过增值税电子发票系统开具的增值税电子普通发票有关问题的公告》	国家税务总局公告〔2015〕84号	全国推行增值税电子普通发票，明确电子发票打印与纸质发票具有同等效力
2016	《会计改革与发展"十三五"规划纲要》	财会〔2016〕19号	关注技术对会计工作的影响
2017	《新一代人工智能发展规划》	国发〔2017〕35号	抢抓人工智能发展战略机遇
2018	《会计人员管理办法》	财会〔2018〕33号	明确会计人员专业能力要求
2020	《关于开展对标世界一流管理提升行动的通知》	国资发改革〔2020〕39号	加强财务管理，提升价值创造能力。解决集团财务管控薄弱、"两金"规模较大、资金使用效率不高、资本运营能力不足等问题。
2022	《会计信息化发展规划（2021-2025年）》	财会〔2021〕36号	积极推动会计数字化转型，构建符合新时代要求的国家会计信息化发展体系
2022	《关于中央企业加快建设世界一流财务管理体系的指导意见》	国资发财评规〔2022〕23号	以数字技术与财务管理深度融合为抓手，建设世界一流财务管理体系，解决央企集团财务管控建设不到位、财务管理职能发挥不充分等问题。

资料来源：刘勤，杨寅．改革开放40年的中国会计信息化：回顾与展望〔J〕．会计研究，2019（02）：26-34.

2005年开始，财政部陆续发布《会计从业资格管理办法》《会计人员继续教育规范》，明确了会计信息化的重要性，推动了会计信息化职业教育。2006年，国务院办公厅印发了《2006-2020年国家信息化发展战略》，从战略上明确了国家信息化的发展方向。2010年，财政部印发《关于发布企业会计准则通用分类标准的通知》，对编制XBRL财务报告进行了规范，标志着中国进入了会计信息化标准建设阶段。

2011年国资委下发《关于加强中央企业财务信息化工作的通知》，明确提出应当在集团层面探索开展会计集中核算和共享会计服务，至此，财务共享服务首次在政策层面被提出和得到重视。2014年，财政部印发《关于全面推进管理会计体系建设的指导意见》，鼓励大型企业和企业集团充分利用专业化分工和信息技术优势，建立财务共享服务中心，这为大型企业提供了有力的制度支持。国资委发布《关于开展对标世界一流管理提升行动的通知》，提出要加强集团企业的财务管理，提升财务的价值创造能力。2022年，财政部印发《会计信息化发展规划（2021-2025年）》，提出要积极推动会计数字化转型。国资委也发布了《关于中央企业加快建设世界一流财务管理体系的指导意见》，提出要将数字技术与财务管理深度融合，建设世界一流财务体系。以上系列政策的紧密发布，为加快推动中国的财务数字化提供了有力的制度支持，体现了中国特色的企业集团未来财务发展路径和方向。

从以上政策的历史演变来看，从提出会计核算软件的要求，到明确会计信息化的发展方向和规范，再到会计数字化转型，财务共享的概念被多次提出。为了解决企业所面临的各种发展困境，政府对会计信息化系列政策的态度也从强烈的行政干预到积极的认可和支持，这体现了我国经济从计划经济到市场经济转变的特点。

（二）会计信息质量相关政策

在信息披露的主体方面，《中华人民共和国证券法》（2019修订）、《上市公司信息披露管理办法》明确了股东、高管作为信息披露的重要负责人，应保证信息披露的真实、完整和准确。

在信息披露的质量方面，2002年以来，我国财政部相继发布《财政部关于开展2002年会计信息质量检查工作的通知》《改进和完善会计信息质量检查工作指导意见》等，以改进和完善会计信息质量检查工作，促进会计信息的真实完整性（见表3.3）。《中华人民共和国会计法》（2017修正）、《中华人民共和国公司法》（2018修正）以及《中华人民共和国证券法》（2019修订）也从法律上明确要保证会计资料的真实完整，要求信息披露应该真实、准确、完整、及时和公平。2020 年，国务院发布《国务院关于进一步提高上市公司质量的意见》，要求提升信息披露质量。2021 年，证监会发布《上市公司信息披露管理办法》，要求保证披露信息的真实、准确、完整，信息披露及时、公平。

表 3.3　会计信息质量相关政策

实施时间	政策名称	文号	主要内容
2002	《财政部关于开展 2002 年会计信息质量检查工作的通知》	财监〔2002〕46 号	检查内容为会计信息的真实完整性
2004	关于印发《改进和完善会计信息质量检查工作指导意见》的通知	财办监〔2004〕13 号	改进和完善会计信息质量检查工作
2017	《中华人民共和国会计法》（2017 修正）	中华人民共和国主席令第 81 号	保证会计资料真实、完整
2018	《中华人民共和国公司法》（2018 修正）	中华人民共和国主席令第 15 号	公司控股股东、实际控制人、董事、监事、高级管理人员不得利用其关联关系损害公司利益。违反前款规定，给公司造成损失的，应当承担赔偿责任
2019	《优化营商环境条例》	中华人民共和国国务院令第 722 号	为各类市场主体实体投资和开展业务活动创造稳定、公平、透明和可预期的环境加大对中小投资者权益的保护力度，保障中小投资者的知情权、参与权，提高其维护自身合法权益的便利性、合法性
2019	《最高人民法院关于适用若干问题的规定（五）》	最高人民法院	关联交易损害公司利益的，原告公司根据《公司法》第二十一条的规定要求控股股东、实际控制人、董事、监事和高级管理人员赔偿损失，被告仅履行了交易信息披露义务，经股东大会依照法律、行政法规或公司章程规定的程序同意，人民法院援引抗辩理由，不予支持
2020	《国务院关于进一步提高上市公司质量的意见》	国发〔2020〕14 号	提高信息披露质量，以提高透明度为目标，优化规则体系，督促上市公司、股东和相关信息披露义务人真实、准确、完整、及时、公正地披露信息

实施时间	政策名称	文号	主要内容
2020	中华人民共和国证券法（2019修订）	中华人民共和国主席令第 37 号	确定发行人及其控股股东、实际控制人、董事、监事、高级管理人员公开承诺的信息披露制度。信息披露义务人披露的信息应当真实、准确、完整、简明清楚、易懂、及时、公正。探索适合中国国情的证券民事诉讼制度，规定投资者保护机构可以作为诉讼代理人
2020	《国务院办公厅关于贯彻实施修订后的证券法有关工作的通知》	国办发〔2020〕5 号	全面实行证券发行注册制度，大幅提高证券违法成本，完善投资者保护制度，强化信息披露义务
2021	《上市公司信息披露管理办法》	中国证券监督管理委员会令第 182 号	上市公司董事、监事和高级管理人员应当忠实、勤勉地履行职责，确保所披露的信息真实、准确、完整，并确保所披露信息及时、公正

资料来源：笔者整理。

在信息披露的环境方面，2019 年国务院发布《优化营商环境条例》，加大对市场主体的保护，为各类市场主体实体投资和开展业务活动创造稳定、公平、透明和可预期的环境，并指出要加大中小投资者权益保护力度，保障中小投资者的知情权。《中华人民共和国证券法》（2019 修订）也规定了投资者保护机制。2019 年，最高人民法院也颁布了《最高人民法院关于适用若干问题的规定（五）》，明确了高管和股东违背信息披露相关规定时应当承担的法律责任。2020 年《国务院办公厅关于贯彻实施修订后的证券法有关工作的通知》，指出要完善投资者保护制度，强化信息披露义务。

三、中国财务共享的发展历程和发展现状

（一）中国财务共享的发展历程

从 2005 年开始，财务共享的概念逐渐引入中国。大量企业集团结合自身实

际情况，发现建立财务系统和业务系统需要大量资金以进行信息系统建设。同时引入和应用财务共享模式，实现业务与财务系统的互联互通，通过财务共享实现资源整合，也是大型集团企业的必然趋势（如图3.1所示）。

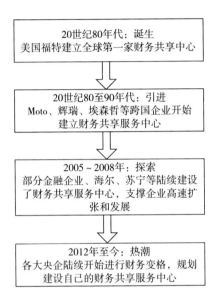

图3.1 中国财务共享的发展历程

资料来源：陈虎等.财务共享服务（第二版）[M].中国财政经济出版社，2018；王兴山.数字化转型中的财务共享[M].北京：电子工业出版社，2018.

自2006年以来，越来越多知名企业在中国建立了财务共享中心。例如，2009年DHL、安永和百德集团相继在中国设立共享服务中心；2011年，澳新银行在成都建立了继班加罗尔和马尼拉之后的第三个共享服务中心。与此同时，海尔、苏宁、华为、中兴、阳光保险等中国企业也开始实行财务共享。近年来，随着"一带一路"倡议的兴起，以中建集团为代表的一大批中国建筑企业率先走出去。在走出去的过程中，大量财务共享中心也被建立起来。在这一过程中，财务共享取得了新的发展和突破，控制与服务并重的财务共享理念已逐渐成熟，并为大型集团企业所接受，中国的财务共享发展已经开始走在世界前列。

（二）中国财务共享的发展现状

中国财务共享的发展现状见表3.4。

表 3.4　中国财务共享的发展现状

应用现状	共享成熟度低	共享成熟度高
发展阶段	简单的费用、会计处理等	预算与预测、税务分析、风险控制、资本运营等
功能定位	降低成本、提高效率、加强控制	多功能的财务、法务、技术维护、人力资源和供应链共享等
业财融合程度	耦合度低	耦合度高

资料来源：杨寅，刘勤. 企业财务转型与价值创造影响因素分析——基于力场模型视角的财务共享服务中心多案例研究［J］. 会计研究，2020（07）：23-37.

目前国内已建成1000多个财务共享中心（ACCA 等，2020），并呈现快速扩张的趋势。总体而言，我国的财务共享模式正呈现蓬勃发展的趋势。刘勤等（2020）认为，与早期中国财务共享中心的建设相比，目前的共享中心呈现出以下特点：大部分构建在财务云上；多业务共享；广泛应用新技术；共享流程的多样化；业务和财务一体化；从企业财务共享到行政机构财务共享；财务共享系统解决方案越来越成熟，成熟的服务提供商数量大幅增加；建设的驱动力已从政府政策引导转向市场力量。

从应用现状来看，不同企业的财务共享中心所处的发展阶段不同，成熟的共享中心与初步发展的共享中心间存在着代际传承。有的仅实现了简单的会计核算和费用功能，有的则实现了交易流程的完全共享，如资本运作、风险控制、财务预算、经营预测等价值过程的共享。整体来看，当前企业的财务共享中心建设周期正逐步缩短，运营成熟度逐渐提升。

从功能定位来看，不同企业建设财务共享中心的期望不同。有的企业仅把降低成本、加强管控以及提升效率作为首要任务，有的则希望实现多功能的业务和流程共享，甚至发展为企业一个新的创新和利润中心。从共性来看，多数企业希望财务共享中心发挥其在数据决策方面的先天优势，借助大数据技术充分挖掘企业在运营中积累的数据，为管理者决策提供更及时、相关以及有价值的信息。

从业财融合程度来看，不同企业的业务和财务耦合程度存在差异。通常情况下，共享中心运营成熟度高的企业业财耦合程度更高。这类企业除了关注共享中心的会计核算功能外，还重视其决策支持功能，并不断优化和整合业财系统和财务系统，并加快其业财一体化进程。有的企业共享中心的建设理念相对落后，尽管共享中心成立多年，但仅执行基本的会计事务性工作，与企业的耦合度不高，只简单地实现了人员集中的功能。甚至有些企业为了加快财务流程共享，要求财务系统和业务系统强制分离，这导致了正在进行的业财融合工作被迫终止。

四、财务共享的中西差异

财务共享的中西差异见表3.5。

表 3.5 财务共享的中西差异

	中国企业集团	西方企业集团
实施开始时间	2005，中兴通讯	1981，美国福特汽车
实施动因	集加强管控、节约成本等多种需求于一体，具有鲜明的群控特点	集约、规模、标准化、简化
实施定位和目标差异	为解决企业快速发展下管理薄弱的问题，具有很强的"管理发展"意义，采用共享中心支持其业务快速扩张战略	控制成本、提升效率
成长轨迹和发展阶段	在新中国改革开放后的土壤中出生或成长，经历了从计划经济向市场经济的过渡。在短时间内实现了财富的快速扩张，但大多没有时间建立完善的管理体系，形成有效的管控模式	诞生于长期发展的资本主义土壤，经历了从自由到垄断的转变。在国际贸易和全球经济一体化的过程中，形成了成熟的管理体系和管理体系，构建了优秀的集团管控体系

资料来源：韩向东，余红燕. 财务共享的中国路径［J］. 财务与会计，2017（12）：73-74.

众所周知，财务共享服务中心起源于20世纪80年代的西方发达国家，90年代开始推广，21世纪初加快推广步伐。福特汽车是世界上第一个建立财务共享服务中心的公司。随后，全球大部分跨国公司相继开展了财务共享服务中心的建设。

在西方国家，财务共享服务是经济发展缓慢和全球扩张的产物。追溯其背后的逻辑，首先，英国经济学家亚当·斯密在《国富论》中提出"劳动分工提高劳动生产率"。其次，福特汽车的创始人亨利·福特20世纪初率先在汽车生产中引入了"流水线"操作模式。两者的共性在于通过分工提高劳动生产率，通过规模经济降低成本。可见，共享的来源是控制成本和提高效率。

相比之下，在中国，改革开放后经济快速发展导致大量企业快速扩张，随之出现了集团管控薄弱、财务管理理念和方法落后等问题。引入和发展财务共享是解决企业快速发展下管理薄弱的有效途径。20世纪初，国内设立财务共享中心的企业，都有强烈的"管理发展"意识。在快速发展时期，使用共享中心来支持业务扩张战略。中西方企业集团财务共享服务实施背景和动机的不同，也是双方在财务共享服务实施定位和目标上存在差异的重要原因之一。

成长轨迹和发展阶段不同是造成国内外企业集团财务共享中心差异的另一个重要原因。西方大型企业集团诞生于长期发展的资本主义土壤，经历了从自由到垄断的转变。在国际贸易和全球经济一体化的过程中，形成了成熟的管理体系和制度，建立了优秀的集团管控体系。中国的大型企业集团大多是在改革开放后的土壤中诞生或成长起来的，经历了从计划经济到市场经济的转变。在中国经济快速发展的节奏下，短时间内实现了财富的快速膨胀，但大多没有时间建立健全的管理制度，形成有效的管控模式。

通过财务共享服务中心，企业集团可以重新配置总部和子公司的权力，重新设计组织流程，使子公司的财务对总部完全透明，有效提高集团的管控和资源配置能力，降低集团管控无效的风险。财务共享可以给财务管理领域乃至企业管理领域带来深刻的变革。对于拥有完善管理体系的西方企业集团来说，这一价值可能没有那么重要，但对于转型期的中国企业来说，它具有巨大的意义。这使得越来越多的中国企业财务共享服务中心形成鲜明的集团化管控特征。实施动机不局限于降低成本、提高效率，更强调整合和精简原本分散的财务资源，以及依托信息系统获取丰富优质数据以提升企业管控能力和决策质量。

中国企业的财务共享模式混合了管控和成本节约等多种需求，这点与西方集约化、规模化、标准化、简单化的财务共享服务模式明显不同。这一决定使得中国企业不可能简单地套用西方模式。在中国模式下，财务共享不仅成为企业加强控制、降低成本、提高效率的有力工具，还服务于企业的财务转型。对于中国企业而言，如何加强财务管理以及实现财务转型，成为影响其未来发展的关键问题之一，这客观上对财务共享提出了更高要求。

第二节　理论分析框架

本书的理论分析框架如图 3.2 所示。首先，分析了财务共享对会计信息质量的影响及其机理。其次，基于集团管控视角，区分管控动机和管控动机，分析了

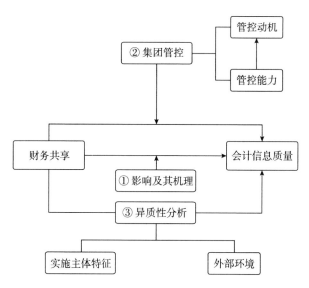

图 3.2　本书的理论分析框架

不同管控动机和管控能力下财务共享对会计信息质量的影响。最后，基于财务共享实施主体特征和外部环境，从内外部因素出发，分析了财务共享对会计信息质量的影响进行异质性。

一、财务共享对会计信息质量的影响及其机理分析

财务共享将企业各种财务流程集中到一个特定的地点和平台完成，促进业务流、价值流和实物流的高效协同，实现各信息系统的业务集成和数据共享（张庆龙等，2018），进而对会计信息质量产生重要影响。财务共享有助于在数据、管理层面和组织层面提升会计信息质量。就数据层面而言，财务共享能够为管理者提供大量、及时、低成本的数据，使企业从源头上掌握集团内部各单位的真实、规范交易数据（张瑞君等，2010），并利用大数据技术对各单位进行深入分析和挖掘，进而为管理者的决策和分析提供高质量的信息（贾小强等，2020）。就组织层面而言，财务共享服务中心作为一个独立的法人实体或组织单位（Tomasino等人，2014），在业务处理过程中更加独立和客观，大大降低了财务串通舞弊的可能性；且总部会对其进行绩效考核，提升了管理层和员工工作的积极性，这将有助于降低股东和管理者之间的代理成本。就管理层面而言，财务共享作为集团管控的平台和工具，降低了母公司对子公司业务信息获取成本，为母公司的评价和激励子公司管理层提供了信息支持，有利于减少母子公司之间的代理问题（张庆龙等，2016）。

如图3.3所示，财务共享主要通过以下途径来提升会计信息质量：一是降低信息不对称。财务共享通过打通财务和业务间的壁垒、降低财务和业务之间以及母子公司之间的信息不对称来提升信息透明度。二是降低代理成本。财务共享通过减少母子公司之间的代理问题（张庆龙等，2016），以及自身作为一个独立的法人实体或组织单位（Tomasino等，2014）即独立性来降低股东和管理者之间的代理成本。

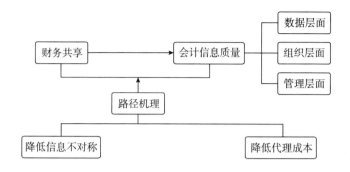

图 3.3　财务共享对会计信息质量的影响以及机理分析

二、集团管控视角下财务共享对会计信息质量的影响分析

企业集团成立的目的是实现规模经济效应与协同效应，其中协同效应的实现依赖于母公司对分子公司的管控（张庆龙等，2016），而最终管控效果则取决于其管控动机和管控能力（朱方伟等，2018；徐鹏等，2020）。通过建立财务共享服务中心，企业集团可以完成总部与子公司之间的权力再分配，以及组织流程再造，使子公司的财务对总部完全透明，有效提高集团的管控能力和资源配置能力，并且降低集团管控无效的风险。集团管控也是中西方企业集团财务共享服务实施定位和目标差异的重要原因之一。对于中国企业集团而言，财务共享不仅是加强管控、降低成本、提高效率的有力工具，还服务于财务转型。因此，本书选择管控动机和管控能力两个维度来考察不同集团管控下财务共享对会计信息质量的影响。

如图 3.4 所示，当集团管控动机更强时，母公司更有动机通过财务共享服务中心强有力地贯彻集团的有关政策，让前端分、子公司不折不扣地执行，简化业务流程和财务流程，提升财务管理效率，降低信息成本；并通过财务共享系统的应用产生的大量数据进行专业化分析，让集团高管真切了解到业务运行的真实状况，提升信息的真实性和可靠性，并以此作出准确的判断和决策，重塑前端业务。更有动机通过集中的财务管理降低资源的无效占用和浪费，通过财务共享对子公司进行直接的监督管理，减少垂直层级过多导致的监督成本过高或效率低下现象。还有利于统一的标准和规范的推行，促进子公司之间财务管理和资源配置方面的协调，使会计信息得到及时、正确的传递，减少"信息上的断层"问题，增强会计信息的及时性的有用性，进而提升会计信息质量。依据现有文献，本书选取的集团管控动机维度主要包括子公司的规模和重要性、子公司的生命周期和经营战略三个维度。

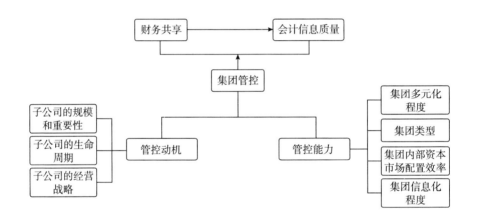

图 3.4　集团管控视角下财务共享对会计信息质量的影响分析

当集团的管控能力更强时，首先，财务共享的规模化集中作业优势将会更加凸显，降本增效的效果更明显，更有助于降低会计信息的获取成本，提高会计信息生成的效率。其次，业务和财务的融合程度更高，更有助于推动业务信息和财务信息的全面对接和整合，降低业务和财务之间的信息不对称，改善会计信息质量。再次，会计的控制职能被强化，更有助于实现全集团范围的财务监控，这为及时发现问题提供了有力的支持，降低了管理者和财务人员违规操纵和舞弊的可能性（王凤燕，2019），有助于提升会计信息的可靠性。最后，此时集团产业与资本的配置效率更高，更有助于发挥财务的决策支持与战略资源配置功能，提升会计信息的质量。依据现有文献，本书选取的集团管控能力维度主要包括集团的多元化程度、集团类型，内部资本市场配置效率、信息化程度四个维度。

三、财务共享对会计信息质量影响的异质性分析

（一）不同实施主体特征下财务共享对会计信息质量影响的异质性分析

高管作为最重要的人力资源和影响企业发展的核心因素，拥有企业经营管理的决策权和控制权（Cyert 和 March，1963），不仅是财务共享的重要实施主体，也是影响会计信息质量的关键因素。财务共享作为集团财务管理的战略性工具和平台，其管控和协同效应的发挥离不开高管的作用。高管作为财务共享的实施主体，其自身特征对财务共享系统的使用至关重要。财务共享人才的管理需要遵循人岗匹配原则，特别是负责财务共享中心业务的高管需要具备更丰富的专业知识储备及更强的综合能力，才能促进财务共享中心更好地运营和发展。高管的个人特征会影响其对财务共享系统的学习能力、适应能力、运用能力和应变能力；影响其对风险的态度、经营和治理理念、投资者保护意识以及社会责任观念；影响共享中心与其他业务部门的沟通能力，决定着财务共享的实施效果，并对会计信息质量产生着重要的影响。如图 3.5 所示，本书进一步立足于财务共享的不同实施主体特征，探究不同高管特征下财务共享对信息质量的影响。依据现有文献，本书选取的实施主体特征维度主要包括高管的年龄、性别、财务背景和海外背景四个维度。

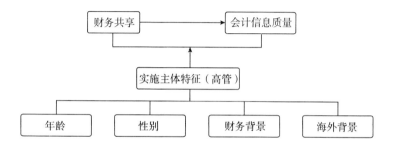

图 3.5　不同实施主体特征下财务共享对会计信息质量影响的异质性分析

（二）不同外部环境下财务共享对会计信息质量影响的异质性分析

制度环境是一套用于建立生产、交换和分配基础的基本政治、社会和法律规则，包括政府和市场、法律来源属性、产权保护和信息技术发展（Ball 等，2000；La Porta 等，2002），它构成了人类政治和经济交易的激励机制。政治环境、法律环境、经济环境和技术环境等构成了企业所面临的外部环境，是除公司治理契约或公司治理结构外影响财务主体财务机制运行的外部条件和因素。

外部环境对企业行为有重要影响，在投资者保护以及企业投资决策和信息披露过程中发挥着重要作用（Acemoglu 等，2001；罗炜和饶品贵，2010；牟涛等，2012），不仅制约着财务共享实施环境，也是影响会计信息质量的关键外部因素。基于此，如图 3.6 所示，本书进一步探究了不同外部环境下财务共享对会计信息质量的影响。依据现有文献，本书选取的外部环境维度主要包括经济环境不确定性、市场化程度、产品市场竞争、地区数字化程度四个。

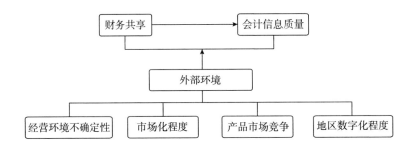

图 3.6　不同外部环境下财务共享对会计信息质量影响的异质性分析

第三节　本章小结

本章较为全面地梳理了中国会计信息化的发展历程、归纳中国会计信息化与会计信息质量相关政策，对中国财务共享的发展历程进行了回顾，并对其发展现状进行探讨，还对中西方企业集团财务共享的实施动因、实施定位和目标差异、成长轨迹和发展阶段进行了对比分析。本章认为会计信息化经历了会计电算化→ERP→财务共享的发展阶段，这也是中国持续推进企业信息化系统建设、建设优秀财务管理体系的一系列政策历史演变的体现，其最终目的是为企业管理决策和资本市场的信息使用者提供高质量的会计信息，保护市场各主体的合法权益。同时，与西方企业集团相比，中国企业集团的财务共享带有明显的集团管控色彩，在研究财务共享对会计信息影响的同时，有必要考虑集团管控因素的影响。

基于以上制度背景，本书探究财务共享对会计信息质量的影响以及机理，并考虑集团管控在两者关系中的影响，进一步结合财务共享的实施主体特征和外部环境特征，从财务共享实施的内外部因素出发，探究不同高管特征以及外部环境对财务共享和会计信息质量两者关系的异质性影响。

第四章 财务共享对会计信息质量的
影响及其机理研究

第一节 研究假设

一、财务共享对会计信息质量的影响

财务共享将企业各种财务流程集中到一个特定的地点和平台完成，通常包括应付、应收、总账、固定资产等的核算业务处理、员工费用报销、资金结算处理等共享业务（Yang 等，2021），还需要与影像系统、业务管理系统等系统对接，实现业务流、价值流和实物流的协同，从而完成各信息系统的业务集成和数据共享（张庆龙等，2018），对会计信息质量产生重要影响。

第一，财务共享有助于在数据层面改进会计信息质量。在数据的收集方面，财务共享一方面将原本分散在不同地域、不同部门的全集团的会计核算工作集中到一个平台进行处理，为管理者的分析与决策工作实时收集了大量可靠、低成本

的数据，另一方面打通了财务和业务间的壁垒，通过财务流程和信息系统的整合，实现了对交易数据的集中式记录和处理，使企业能从源头上掌握集团内部各单位的真实交易数据，有助于提升会计信息的及时性、可靠性与完整性。在数据的规范上，财务共享通过流程再造，实现了交易过程的显性化和规范化（张瑞君等，2010），夯实了数据基础，使企业能够从源头上获取真实、规范的高质量数据，为今后战略分析、管理决策提供了重要依据，有助于提升会计信息的真实性和有用性。在数据的处理方面，通过 IT 系统，财务共享对所有子公司采用相同的标准作业流程，实现跨地域、跨部门整合数据，使得数据汇总、分析不再费时费力，并能够为各信息需求方提供标准化的财务分析报表，通过对财务数据的深挖（董皓，2018），为集团战略财务和业务财务提供全方位管理数据，用以辅助决策支持、精细协同管理和全面风险评估，支持管理决策（贾小强等，2020），这进一步提升了会计信息质量。

财务共享有助于提高管理层面的会计信息质量。首先，财务共享为提高集团的管理和控制水平提供了一个良好的平台和工具（李闻一等，2017）。通过母公司控制的共享服务中心为子公司提供共享服务，特别是会计服务，不仅降低了母公司对子公司业务信息获取成本，提高了子公司获取信息的质量，还降低了信息不对称程度，为母公司的评价和激励子公司管理层提供信息支持，有利于加强集团内部控制，减少委托代理问题（张庆龙等，2016），进一步促进会计信息质量的提高。其次，将财务、人力资源、信息管理等职能集中到共享服务中心，有助于企业更快地建立新业务，提升企业对市场适应的灵活性，同时专业人员的集中有利于共享中心建立吻合自身需求的知识库体系，提升知识的集中度和利用效率（张庆龙等，2018）。最后，财务共享将管理者从琐碎的非核心业务中解放出来，帮助他们更专注于核心业务，并可以快速为新成立的子公司或收购的公司提供服务（张庆龙等，2016），这些都能极大地提升企业的整合能力和分析能力。

第二，财务共享有助于提升组织层面的会计信息质量。作为一个独立的法人实体或组织单位（Tomasino 等，2014），一方面，财务人员不再隶属于分支机构，这使得他们在业务处理过程中更加独立和客观，严格按照公司制度和要求办事，随机分配业务，所有业务处理对集团完全透明，大大降低了财务串通舞弊的可能性，有助于提高会计信息质量；另一方面，财务共享作为一个独立的组织或机构，企业会对其进行绩效考核，而财务共享的绩效考核有助于提高员工的工作积极性，提高企业的整体运营效率，降低运营成本，促进财务共享的职能得到充分发挥，从而有助于进一步优化会计信息质量。

由此可见，财务共享有助于在数据、管理以及组织层面全方位提升会计信息质量，但实施财务共享是一个循序渐进的系统工程，需要业务流程、组织流程、人员流程、技术流程等基础配套工作陆续跟进，其实施效果的显现存在一定的滞后性，因此，在实施财务共享的初期，效果可能并不明显。但随着实施时间的增加，财务共享的建设越来越成熟，业务和财务的耦合度将加深，业财一体化程度更高，信息整合的效率也会提升，对会计信息质量的改善作用也会不断增强。基于此，本书提出以下研究假设：

H4-1：财务共享能够提升会计信息质量。

H4-2：财务共享实施时间越长，提升会计信息质量的作用越明显。

二、财务共享影响会计信息质量的路径机理

本书认为财务共享主要通过以下路径来提升会计信息质量：

一是降低信息不对称。第一，财务共享打通了财务和业务间的壁垒，通过流程再造与信息系统的整合，业务和财务的融合使得财务向业务前端（包括采购、供应商、客户）延伸，打通会计与业务、会计与外部利益相关者的界限，使企业与外部的客户、供应商和市场有机结合，并将企业内部的采购、研发、生产、销售进行整合，由生产活动直接生成财务数据，把实物形态的物料活动直接转化为价值形态的资金活动，进而实现物流、资金流、工作流、信息流的实时反映（张

庆龙等，2018），使企业能从源头上掌握集团内部各单位的真实交易数据，降低了财务和业务之间的信息不对称，进而促进会计信息质量提升。第二，财务共享将原本分散在不同地域、不同部门的全集团的会计核算工作集中到一个平台进行处理，为管理者的分析与决策工作实时收集了大量可靠、低成本的数据，使集团母公司能够实时了解到子公司的所有经营信息，这又降低了母公司和子公司之间的信息不对称，进一步提升会计信息质量。

二是降低代理成本。一方面，财务共享为提高集团的管理和控制水平提供了一个良好的平台和工具（李闻一等，2017）。通过母公司控制共享服务中心为子公司提供共享服务，特别是会计服务，这降低了母公司对子公司业务信息获取成本，为母公司评价和激励子公司管理层提供信息支持，有利于加强集团内部管控，减少母子公司之间的代理问题（张庆龙等，2015），进而促进会计信息质量的提高。另一方面，财务共享服务中心作为一个独立的法人实体或组织单位（Tomasino等，2014），使得财务人员不再隶属于分支机构，促使其在业务处理过程中更加独立和客观，严格按照公司制度和要求办事，业务随机分配，同时所有业务处理对集团完全透明，大大降低了财务串通舞弊的可能性，有助于降低股东和管理者之间的代理成本，进而促进会计信息质量的提高。此外，财务共享通过流程再造与信息系统的整合，实现物流、资金流、工作流、信息流的实时反映（张庆龙等，2018），不仅可以为企业提供大量信息，使企业能够有效地控制和管理整个业务流程，提升资源利用效率，还能实现企业内外部价值链信息的共享和实时监控（王凤燕，2019），进一步降低了代理成本，促进会计信息质量的提升。

基于此，本书提出以下研究假设：

H4-3：财务共享能够通过降低信息不对称来提升会计信息质量。

H4-4：财务共享能够通过降低代理成本来提升会计信息质量。

第二节 研究设计

一、样本筛选与数据来源

本书研究了 2009~2020 年沪深 A 股上市公司。本书将合并报表视为企业集团，对样本进行如下筛选和处理：（1）剔除金融业公司样本；（2）剔除被 ST 的样本；（3）剔除数据存在缺失的样本以及无母公司报表以及母公司报表数据不全的样本，最终得到 29484 个公司年度观测值，并对连续变量进行 1% 和 99% 分位的缩尾处理。本书数据主要来源于 CSMAR 和 WIND 数据库。

二、变量定义与模型构建

（一）财务共享

财务共享的数据主要从中国上市公司年报中通过提取"共享服务""财务共享"等关键字段，然后阅读出现关键词前后文以判断是否实施财务共享，并对照历年《中国共享服务领域研究报告》核验，无法判别的公司再通过 WIND 数据库公司公告、百度搜索、国际财务共享服务管理协会网站等渠道搜集验证。若上市公司实施了财务共享，则取值为 1，否则取 0。

为了进一步检验财务共享实施时间的长短对会计信息质量的影响。首先，依据 FSSC 的实施时间，将 FSSC 划分为两个子变量，即实施时间长的财务共享（LFSSC）和实施时间短的财务共享（SFSSC）。将 LFSSC 定义为实施时间在三年以上的取值为 1，其他为 0；将 SFSSC 定义为实施时间在一年至三年之间的取值为 1，其他为 0。本书还重新构建了 FSSC 的衡量方式，即将 FSSC 的实施时间加

1 取对数（FSSCT）。

（二）会计信息质量

本书采用改进的 Jones 模型计算可操作应计利润，以衡量会计信息质量，具体为模型 4-1 和模型 4-2。

$$\frac{TA_{it}}{Asset_{i,t-1}} = \alpha_0 + \alpha_1 \frac{\Delta REV_{i,t} - \Delta REC_{i,t}}{Asset_{i,t}} + \alpha_2 \frac{PPE_{i,t}}{Asset_{i,t-1}} + \varepsilon_{i,t} \qquad \text{式（4-1）}$$

$$DA = \left| \frac{TA_{i,t}}{Asset_{i,t-1}} - \left\{ \alpha_0 \frac{1}{Asset_{i,t-1}} + \alpha_1 \frac{\Delta REC_{i,t} - \Delta REC_{i,t}}{Asset_{i,t}} + \alpha_2 \frac{PPE_{i,t}}{Asset_{i,t-1}} \right\} \right| \qquad \text{式（4-2）}$$

式（4-1）、式（4-2）中，TA 为总应计项，等于营业利润减去经营活动现金净流量；$Asset$ 为资产总计；ΔREV 为销售收入变动额；ΔREC 为应收账款变动额；PPE 为固定资产原值；DA 为可操纵应计项的绝对值。计算过程如下：首先将模型（4-1）分行业、分年度进行回归，然后将所得的回归系数代入模型（4-2）计算可操纵性应计项目的绝对值，绝对值越大，表明会计信息质量越低。

（三）中介变量

参考王亚平等（2009）的研究，本书采用信息透明度和媒体报道来衡量信息不对称程度。参考罗进辉（2012）的研究，用总资产周转率与管理费用增长率来衡量管理层代理问题。参考王彦超和陈思琪（2017）的研究，用上市公司对控股子公司的担保比例来衡量股东代理问题。

（四）控制变量

研究表明，公司特征包括公司规模、资产负债率、企业性质、经营绩效、成长性、股权集中度（Demerjian 等，2013；Habib 和 Jiang，2015，潘红波和韩芳芳，2016），内部治理特征如两职合一、董事会规模、独立董事比例、审计意见类型（Francis 等，2008；汪芸倩和王永海，2019）等会显著影响会计信息质量，因此参考前人的研究，我们分别选取以下变量作为控制变量：企业规模（Size）、财务杠杆（Lev）、企业性质（SOE）、企业成长性（Growth）、总资产收益率（ROA）、是否亏损（Loss）、股权集中度（Top1）、董事会规模（Board）、独立董事比例（Ind）、两职合一（Dual）、审计意见（Opinion）。

（五）模型构建

为了检验 H4-1 和 H4-2，本书构建如下计量模型以验证上文提出的假设，

$$DA=\beta_0+\beta_1\,FSSC(FSSCT)+\beta_2\,Size+\beta_3\,Lev+\beta_4\,Soe+\beta_5\,Growth+\beta_6\,ROA+\beta_7\,Loss+$$
$$\beta_8\,Top1+\beta_9\,Board+\beta_{10}Ind+\beta_{11}Dual+\beta_{12}Opinion+\sigma Industry+\sigma Year+\mu$$

$$式（4-3）$$

$$DA=\gamma_0+\gamma_1\,LFSSC+\gamma_2\,SFSSC+\gamma_3\,Size+\gamma_4\,Lev+\gamma_5\,Soe+\gamma_6\,Growth+\gamma_7\,ROA+\gamma_8\,Loss+$$
$$\gamma_9\,Top1+\gamma_{10}Board+\gamma_{11}Ind+\gamma_{12}Dual+\gamma_{13}Opinion+\sigma Industry+\sigma Year+\mu$$

$$式（4-4）$$

为了检验 H4-3 和 H4-4，在模型（4-3）的基础上，参考温忠麟等（2004）的中介检验方法，本书构建以下中介检验模型：

$$CW_i=\omega_0+\omega_1\,FSSC+\omega_2\,Size+\omega_3\,Lev+\omega_4\,Soe+\omega_5\,Growth+\omega_6\,ROA+\omega_7\,Loss+\omega_8\,Top1+$$
$$\omega_9\,Board+\omega_{10}Ind+\omega_{11}Dual+\omega_{12}Opinion+\sigma Industry+\sigma Year+\sigma \quad 式（4-5）$$

$$FSSC=\pi_0+\pi_1\,FSSC+\pi_2\,CW_i+\pi_3\,Size+\pi_4\,Lev+\pi_5\,Soe+\pi_6\,Growth+\pi_7\,ROA+$$
$$\pi_8\,Loss+\pi_9\,Top1+\pi_{10}Board+\pi_{11}Ind+\pi_{12}Dual+\pi_{13}Opinion+\sigma Industry+$$
$$\sigma Year+⊐ \qquad 式（4-6）$$

模型（4-3）和模型（4-4）用以检验 H4-1 和 H4-2。在模型（4-3）中，若 FSSC（FSSCT）的系数显著为负，则说明实施财务共享会提升上市公司的会计信息质量；若 FSSC（FSSCT）系数显著为正，则说明实施财务共享会导致会计信息质量降低。进一步地，我们采用基于不同时间维度更换 FSSC 的衡量方式，将其划分为实施时间长的财务共享（LFSSC）以及实施时间短的财务共享（SF-SSC），进一步检验不同实施时长下的财务共享对会计信息的影响。在模型（4-4）中，我们预期 LFSSC 的符号显著为负，即随着财务共享的实施时间的不断增长，财务共享提升会计信息质量的效果越明显。

模型（4-5）和模型（4-6）用以检验 H4-3 和 H4-4。在模型（4-3）的基

础上，本书联合模型（4-5）和模型（4-6）对财务共享如何影响会计信息质量的路径机制进行检验和识别。本书选取了"信息路径"以及"代理路径"二类渠道进行机制检验。在模型（4-5）和模型（4-6）中，CW_i表示路径机制的各个代理变量，其中CW_1用来检验信息路径，验证财务共享能否通过降低信息不对称来提升会计信息质量，主要用信息透明度指标和媒体报道来测试；CW_2用来检验代理路径，检验财务共享能否通过降低代理成本来提升会计信息质量，主要用总资产周转率、管理费用增长率和对子公司的担保比例来测试。变量的具体定义如表4.1所示。

表4.1　变量定义

变量名称		变量定义
盈余管理	DA	可操纵性应计项目，用修正的琼斯模型求得，并取绝对值
财务共享	FSSC	财务共享，若企业实施了财务共享则取值为1，否则取值为0
	FSSCL	实施时间长的财务共享，将财务共享实施时间在三年以上的取值为1，其他为0
	FSSCS	实施时间短的财务共享，将财务共享实施时间在一年至三年之间的取值为1，其他为0。
	FSSCT	财务共享实施的总时长，将财务共享的实施时间加1取对数
信息透明度	Trans	参考王亚平等（2009）的测算方法
媒体报道	Media	参考袁蓉丽等（2021）的测算方法
总资产周转率	Turn	本期销售收入净额/本期资产总额平均余额
管理费用增长率	Mgfee	（当期管理费用－上期管理费用）/上期管理费用
对子公司的担保比例	Guar	参考王彦超和陈思琪（2017）的测算方法
企业规模	Size	企业总资产的自然对数
财务杠杆	Lev	负债总计/资产总计
企业性质	SOE	若为国有企业则取值为1，否则取值为0
成长性	Growth	营业收入增长率
总资产收益率	ROA	净利润/总资产
是否亏损	Loss	若当年净利润<0，取值为1，否则取值为0
股权集中度	Top1	第一大股东持股比例

续表

变量名称		变量定义
董事会规模	Board	董事会总人数
独立董事比例	Ind	独立董事人数/董事会总人数
两职合一	Dual	若董事长兼任总经理则取值为1，否则取值为0
审计意见	Opinion	若上市公司被出具标准审计意见取值为1，否则取值为0

第三节　描述性统计分析、相关性分析与实证结果分析

一、描述性统计分析

首先，对财务共享实施样本的年度分布进行描述性统计。从表4.2可以看出，实施财务共享的公司呈现出逐年增长的趋势，2009年仅有1.13%的企业实施了财务共享，而到2020年，已有12.76%的公司实施了财务共享。表明财务共享已经成为众多中国企业集团的选择。

表4.2　财务共享实施样本的年度分布

Year	FSSC = 0	FSSC = 1	Total	Percent
2009	1313	15	1328	1.13%
2010	1444	16	1460	1.10%
2011	1817	26	1843	1.41%
2012	2096	32	2128	1.50%
2013	2265	37	2302	1.61%
2014	2299	48	2347	2.05%

续表

Year	FSSC = 0	FSSC = 1	Total	Percent
2015	2395	63	2458	2.56%
2016	2528	91	2619	3.47%
2017	2769	126	2895	4.35%
2018	3052	191	3243	5.89%
2019	2938	341	3279	10.40%
2020	3125	457	3582	12.76%
Total	28041	1443	29484	4.89%

其次，对财务共享实施样本的行业分布进行描述性统计。从表4-3可以看出：实施财务共享的行业，制造业占比最大。交通运输、仓储和邮政业，卫生和社会工作，以及信息传输、软件和信息技术服务业次之。由此可见，从总体来看，实施财务共享应用范围的主要集中于劳动密集型行业，信息服务行业次之。

表 4.3　财务共享实施样本的行业分布

Industry	FSSC = 0	FSSC = 1	Total	Percent
A	414	13	427	3.04%
B	696	39	735	5.31%
C1	1897	84	1981	4.24%
C2	5324	208	5532	3.76%
C3	10438	435	10873	4.00%
C4	543	13	556	2.34%
D	936	54	990	5.45%
E	712	64	776	8.25%
F	1470	123	1593	7.72%
G	834	86	920	9.35%
H	96	5	101	4.95%
I	1710	167	1877	8.90%
K	1301	59	1360	4.34%
L	341	31	372	8.33%

续表

Industry	FSSC = 0	FSSC = 1	Total	Percent
M	250	14	264	5.30%
N	326	18	344	5.23%
O	25	1	26	3.85%
P	27	0	27	0.00%
Q	59	6	65	9.23%
R	349	20	369	5.42%
S	293	3	296	1.01%
Total	28041	1443	29484	4.89%

附注：A-农、林、牧、渔业；B-采矿业；C-制造业，其中 C1 为食品、烟草、酒、茶、纺织、服装、皮毛等，C2 为木材、家具、造纸、印刷、文教用品、石油、化学、塑胶、塑料、医药等；C3 为金属、非金属矿物、设备、汽车、机械、器材等；C4 为仪器仪表、设备修理、其他制造业等；D-电力、热力、煤气和水的生产和供应行业；E-建筑业；F-批发和零售；G-运输、仓储和邮政服务；H-住宿及餐饮行业；I—信息传输、软件和信息技术服务；K-房地产行业；L-租赁及商务服务业；M-科学研究和技术服务业；N-水利、环境与公共设施管理；Q-卫生和社会工作行业；R-文化、体育和娱乐；S-综合。

再次，对主要变量进行描述性统计。如表 4.4 所示，DA 的平均值为 0.063，中位数为 0.040，最小值为 0，最大值为 8.098，标准差为 0.111，表明上市的公司的会计信息质量整体不高，且不同公司之间的会计信息质量差异较大。FSSC 的均值为 0.049，最小值为 0，最大值为 1，表明均有 4.9% 的上市公司实施了财务共享。FSSCL 的均值为 0.015，FSSCS 的均值为 0.034，表明在实施财务共享的公司中，约有 31%（0.015/0.049）的公司实施财务共享的时间在三年以上，约有 69% 的公司实施财务共享的时间在三年以内。各中介变量的均值均在正常取值范围内。

表 4.4   主要变量的描述性统计

variable	mean	p50	min	max	sd	N
DA	0.063	0.040	0	8.098	0.111	29484

续表

variable	mean	p50	min	max	sd	N
FSSC	0.049	0	0	1	0.216	29484
FSSCL	0.015	0	0	1	0.123	29484
FSSCS	0.034	0	0	1	0.180	29484
FSSCT	0.062	0	0	2.639	0.300	29484
Trans	0.342	0.335	0.005	1	0.187	29484
Media	5.036	4.997	0	10.810	1.072	29484
Turn	0.624	0.515	−0.050	11.60	0.535	29484
Mgfee	0.112	0.082	−0.665	0.867	0.239	29484
Guar	0.012	0	0	0.153	0.025	29484
Lev	0.434	0.428	0.027	0.990	0.209	29484
Soe	0.366	0	0	1	0.482	29484
Growth	0.173	0.102	−0.732	4.806	0.467	29484
ROA	0.039	0.038	−0.415	0.244	0.068	29484
Loss	0.105	0	0	1	0.307	29484
Top1	0.345	0.323	0.084	0.758	0.149	29484
Board	2.134	2.197	1.609	2.708	0.199	29484
Ind	0.375	0.333	0.273	0.600	0.053	29484
Dual	0.265	0	0	1	0.441	29484
Opinion	0.964	1	0	1	0.187	29484

最后，依据是否实施财务共享对变量进行分组 T 检验。如表 4.3~表 4.5 所示。除了 ROA 和 LOSS 外，其他的变量均值在 FSSC=0 和 FSSC=1 组均存在显著差异。

表 4.5 主要变量的分组描述性统计

Variables	FSSC=0	Mean1	FSSC=1	Mean2	MeanDiff
DA	28041	0.064	1443	0.051	0.013***
Trans	28041	0.337	1443	0.433	−0.096***
Media	28041	5.010	1443	5.540	−0.530***
Turn	28041	0.620	1443	0.713	−0.093***

续表

Variables	FSSC = 0	Mean1	FSSC = 1	Mean2	MeanDiff
Mgfee	28041	0. 114	1443	0. 071	0. 043***
Guar	28041	0. 016	1443	0. 012	0. 004***
Size	28041	22. 09	1443	23. 410	− 1. 328***
Lev	28041	0. 431	1443	0. 495	− 0. 064***
Soe	28041	0. 360	1443	0. 466	− 0. 106***
Growth	28041	0. 176	1443	0. 127	0. 049***
ROA	28041	0. 0390	1443	0. 038	0
Loss	28041	0. 105	1443	0. 099	0. 006
Top1	28041	0. 343	1443	0. 375	− 0. 032***
Board	28041	2. 132	1443	2. 168	− 0. 036***
Ind	28041	0. 374	1443	0. 380	− 0. 006***
Dual	28041	0. 267	1443	0. 225	0. 043***
Opinion	28041	0. 963	1443	0. 976	− 0. 012**

注：*、**和***分别表示10%、5%和1%的显著性水平，下同。

对于 DA 而言，很明显，实施财务共享组的 DA 明显低于未实施财务共享组，表明实施财务共享组公司的盈余质量明显高于未实施财务共享的公司的质量。各中介变量的均值也存在显著差异。实施财务共享组的 Trans、Media 明显高于未实施组，而 Mgfee、Guar 明显低于未实施组，表明实施财务共享的公司信息透明度更高、媒体报道次数更多，同时管理费用增长率和对子公司的担保比例更低。此外，在资产规模、财务杠杆、成长性、股权集中度、董事会规模、独立董事比例方面，实施财务共享的公司也要明显高于未实施财务共享的公司。在产权性质方面，实施财务共享的国有企业占比更高。在两职合一方面，实施财务共享的数值更低，表明实施财务公司治理情况明显好于未实施财务共享的公司。

二、主要变量的相关性分析

主要变量的相关性分析如表 4.6 所示。DA 与 FSSC 显著负相关，这与我们的

表4.6 主要变量的相关性分析

变量	DA	FSSC	Size	Lev	Soe	Growth	ROA	Loss	Top1	Board	Ind	Dual	Opinion
DA	1												
FSSC	-0.024***	1											
Size	-0.017	0.223***	1										
Lev	0.085***	0.066***	0.477***	1									
Soe	-0.038***	0.047***	0.337***	0.280***	1								
Growth	0.196***	-0.023***	0.041***	0.028***	-0.056***	1							
ROA	-0.103***	-0.001	0.015*	-0.354***	-0.067***	0.224***	1						
Loss	0.102***	-0.004	-0.076***	0.189***	0.003	-0.179***	-0.653***	1					
Top1	-0.029***	0.046***	0.207***	0.058***	0.245***	0.009	0.134***	-0.101***	1				
Board	-0.042***	0.039***	0.256***	0.147***	0.266***	-0.013***	0.029***	-0.039***	0.031***	1			
Ind	0.010*	0.025***	0.006	-0.009	-0.064***	0.005	-0.025***	0.021***	0.038***	-0.525***	1		
Dual	0.007	-0.021***	-0.168***	-0.139***	-0.293***	0.021	0.033***	0.001	-0.055***	-0.183***	0.114***	1	
Opinion	-0.074***	0.014**	0.064***	-0.149***	0.055***	0.070***	0.323***	-0.295***	0.094***	0.026***	-0.015***	-0.004	1

预期相符，即实施财务共享的公司盈余操纵的概率更低。除 Dual 外，DA 与其他变量均显著相关，表明本书控制变量的选取符合相关性的要求。同时解释变量之间的系数均在 0.5 以下，表明不存在共线性问题。

三、实证结果分析

（一）财务共享对会计信息质量的影响

首先，采用 OLS 估计，根据模型（4-3）对财务共享与会计信息质量两者关系进行检验，回归结果如表 4.7 所示，表 4.7（1）～（2）列所示，无论是否控制行业和年度，FSSC 与公司盈余操纵水平之间均显著负相关。其次，以上市公司所处省份的数字化程度作为工具变量，采用 GMM 估计对财务共享与会计信息质量两者的关系再次进行检验，回归结果如列（5）所示，FSSC 的系数依然显著负相关。最后，采用个体固定效应进行估计，回归结果如列（6）所示，FSSC 的系数依然显著负相关。以上各种估计结果表明，财务共享能显著提升上市公司的会计信息质量。H4-1 得到论证。

表 4.7　多元回归分析：财务共享与会计信息质量

变量	OLS 估计				GMM 估计	个体固定效应
	（1） DA	（2） DA	（3） DA	（4） DA	（5） DA	（6） DA
FSSC	−0.007*** （−4.04）	−0.007*** （−3.91）	−0.004** （−2.15）	−0.004** （−2.28）	−0.086** （−2.01）	−0.008** （−2.26）
Size	−0.002*** （−2.70）	−0.003*** （−3.43）	−0.001 （−0.90）	−0.001* （−1.78）	0.001 （0.50）	−0.003 （−1.45）
Lev	0.031*** （5.82）	0.024*** （4.76）	0.027*** （4.95）	0.020*** （3.94）	0.028*** （4.33）	0.041*** （4.03）
Soe	−0.007*** （−4.68）	−0.006*** （−4.29）	−0.009*** （−5.87）	−0.008*** （−5.37）	−0.008*** （−4.91）	−0.010** （−2.18）
Growth	0.054*** （7.00）	0.053*** （6.96）	0.053*** （6.86）	0.052*** （6.83）	0.054*** （7.04）	0.053*** （7.62）

续表

变量	OLS 估计				GMM 估计	个体固定效应
	(1) DA	(2) DA	(3) DA	(4) DA	(5) DA	(6) DA
ROA	−0.129***	−0.124***	−0.137***	−0.130***	−0.132***	−0.193***
	(−6.47)	(−6.28)	(−6.87)	(−6.65)	(−6.47)	(−7.36)
Loss	0.025***	0.026***	0.025***	0.026***	0.025***	0.016***
	(10.10)	(10.77)	(10.25)	(10.88)	(9.84)	(5.51)
Top1	0.000	−0.001	−0.003	−0.004	0.001	0.005
	(0.07)	(−0.17)	(−0.52)	(−0.71)	(0.14)	(0.37)
Board	−0.020***	−0.017***	−0.024***	−0.021***	−0.020***	0.007
	(−3.50)	(−2.88)	(−4.23)	(−3.53)	(−3.52)	(0.97)
Ind	−0.029**	−0.030**	−0.032**	−0.033**	−0.023*	−0.032
	(−2.16)	(−2.18)	(−2.41)	(−2.40)	(−1.77)	(−1.32)
Dual	−0.001	−0.001	−0.001	−0.000	−0.001	−0.001
	(−0.77)	(−0.50)	(−0.37)	(−0.14)	(−0.69)	(−0.36)
Opinion	−0.019***	−0.018***	−0.021***	−0.020***	−0.022***	0.002
	(−4.98)	(−4.64)	(−5.52)	(−5.15)	(−5.57)	(0.24)
_cons	0.163***	0.166***	0.164***	0.167***	0.100**	
	(9.85)	(9.83)	(9.69)	(9.66)	(2.56)	
行业	NO	YES	NO	YES	YES	YES
年度	NO	NO	YES	YES	YES	YES
N	29484	29484	29484	29484	29441	29227
R^2	0.070	0.082	0.074	0.086	0.049	0.251
adj. R^2	0.069	0.081	0.073	0.084	0.048	0.150
F（Wald chi2）	67.833	31.750	44.050	27.570	762.42	35.353

注：括号内的数值为 T 值（经异方差调整后的标准误），*、**和***分别表示10%、5%和1%的显著性水平，下同。

依据模型（4-4），进一步检验财务共享实施时间的长短对会计信息质量的影响。表 4.8（1）列显示，FSSCL 的系数在5%的水平上显著为负，而 FSSCS 的系数不显著，这表明在短期内财务共享的实施对会计信息质量在短期内不产生影

响，其实施效果需要在较长时间内才能显现出来。表 4.8（2）列显示，FSSCT
的系数同样在 5% 的水平上显著为负，这表明财务共享的实施时间与实施效果成
正比。以上回归结果综合表明，财务共享服务的实施时间越长，提升会计信息质
量的作用也越明显。H4-2 得到验证。

表 4.8　财务共享的实施时间与会计信息质量

变量	（1） DA	（2） DA
FSSCL	−0.006** (−2.07)	
FSSCS	−0.003 (−1.54)	
FSSCT		−0.003** (−2.50)
Size	−0.001* (−1.74)	−0.001* (−1.74)
Lev	0.020*** (3.94)	0.020*** (3.94)
Soe	−0.008*** (−5.38)	−0.008*** (−5.38)
Growth	0.052*** (6.83)	0.052*** (6.83)
ROA	−0.130*** (−6.65)	−0.130*** (−6.65)
Loss	0.026*** (10.89)	0.026*** (10.89)
Top1	−0.004 (−0.71)	−0.004 (−0.71)
Board	−0.021*** (−3.52)	−0.021*** (−3.52)
Ind	−0.033** (−2.40)	−0.033** (−2.40)

续表

变量	(1) DA	(2) DA
Dual	−0.000	−0.000
	(−0.15)	(−0.15)
Opinion	−0.020***	−0.020***
	(−5.15)	(−5.15)
_cons	0.166***	0.166***
	(9.57)	(9.56)
N	29484	29484
R^2	0.086	0.086
adj. R^2	0.084	0.084
F	27.008	27.661

(二) 稳健性检验

1. 替换被解释变量

考虑到会计信息质量的度量方法还包括其他方面, 比如衡量盈余质量的 DD 模型和 McNicols 模型、会计及时性、信息披露质量、会计稳健性等, 本书参考 Dechow 和 Dichev (2002)、孙健等 (2016) 的方法, 依据 DD 模型和 McNicols 模型更换盈余质量的衡量方法; 参考李丹和宋衍蘅 (2010) 的方法来测算会计及时性; 参考曾颖和陆正飞 (2006) 的方法, 用信息披露考评等级来衡量信息披露质量; 参考 Khan 和 Watts (2009) 的方法来计算会计稳健性, 并依次用上述指标变换会计信息质量的衡量方式来进行稳健性检验。此外, 本书还用盈余激进度来衡量盈余质量。表4.9第 (1) ~ (2) 列显示, FSSC 的系数显著为负, 表明财务共享能够显著地降低会计盈余操纵。第 (3) ~ (4) 列显示, FSSC 与会计及时性、信息考评等级显著负相关, 表明财务不仅能缩短上一年会计年度结束日与年报实际披露日的时间间隔, 提升会计信息的及时性; 还能提升会计信息的披露质量。第 (5) 列显示, FSSC 与会计稳健性显著正相关, 表明财务共享能够显著提升会计信息的稳健性。第（6）列显示，FSSC 与盈余激进度显著负相关，表明财务共享能够降低盈余管理水平。以上稳健性检验均支持 H4-1。

表 4-9　替换被解释变量

变量	DD 模型 （1）	McNicols 模型 （2）	及时性 （3）	信息考评等级 （4）	会计稳健性 （5）	盈余激进度 （6）
FSSC	-0.033**	-0.025*	-0.023***	-0.061***	0.002***	-0.031**
	（-1.97）	（-1.96）	（-4.13）	（-2.97）	（2.63）	（-2.39）
Size	-0.001	-0.002	0.012***	-0.102***	-0.044***	0.014***
	（-0.08）	（-0.49）	（9.16）	（-20.96）	（-191.83）	（2.76）
Lev	-0.016	0.011	-0.007	0.391***	0.226***	-0.213***
	（-0.37）	（0.32）	（-0.80）	（14.17）	（166.57）	（-8.23）
Soe	-0.013	0.001	-0.029***	-0.078***	-0.000	-0.067***
	（-0.96）	（0.16）	（-8.94）	（-7.23）	（-0.21）	（-5.69）
Growth	0.358***	0.243***	-0.014***	0.033***	-0.001***	-0.027
	（3.81）	（3.73）	（-4.00）	（3.29）	（-3.62）	（-0.48）
ROA	-0.240*	0.024	-0.340***	-1.874***	-0.005	0.331***
	（-1.66）	（0.27）	（-12.38）	（-19.69）	（-1.17）	（2.71）
Loss	0.049***	0.058***	0.021***	0.171***	-0.000	-0.028*
	（2.70）	（3.53）	（3.99）	（8.84）	（-0.07）	（-1.79）
Top1	0.016	0.004	-0.007	-0.281***	-0.000	-0.156***
	（0.28）	（0.10）	（-0.80）	（-9.18）	（-0.20）	（-3.98）
Board	-0.092	-0.107**	0.003	-0.157***	-0.003***	-0.011
	（-1.31）	（-2.04）	（0.33）	（-5.62）	（-2.65）	（-0.39）
Ind	-0.128	-0.064	-0.004	-0.118	-0.004	0.044
	（-1.03）	（-0.70）	（-0.15）	（-1.22）	（-1.02）	（0.64）
Dual	-0.005	-0.015	0.010***	0.002	0.001*	0.024**
	（-0.30）	（-1.25）	（3.30）	（0.27）	（1.83）	（2.15）
Opinion	-0.010	-0.014	-0.080***	-0.824***	0.011***	-0.023*
	（-0.40）	（-0.72）	（-11.87）	（-27.62）	（8.77）	（-1.68）
_cons	0.291	0.339***	4.329***	5.617***	0.860***	-0.256*
	（1.51）	（3.11）	（123.79）	（44.76）	（163.44）	（-1.86）

续表

变量	DD 模型 （1）	McNicols 模型 （2）	及时性 （3）	信息考评等级 （4）	会计稳健性 （5）	盈余激进度 （6）
N	24680	24680	29484	17804	28828	21630
R^2	0.056	0.062	0.130	0.279	0.848	0.037
adj. R^2	0.055	0.061	0.129	0.277	0.848	0.036
F	13.740	21.412	113.498	112.816	2185.664	48.215

注：在信息披露考评等级指标中，1＝优秀；2＝良好；3＝合格；4＝不合格，该指标越大，表明信息披露的考评等级越低，信息质量越差。由于该指标部分原始数据缺失，因此导致参与回归的样本与总样本不一致。

2. Heckman 两阶段

为缓解财务共享与会计信息质量之间的自选择问题，本书还采用 Heckman 两阶段来解决由此产生的内生性问题。在第一阶段，控制了企业规模、财务杠杆、企业性质、企业成长性、总资产收益率、是否亏损、股权集中度、董事会规模、独立董事比例、两职合一、审计意见后，构建了 FSSC 选择的 Probit 模型，根据模型预测结果，计算出 IMR。第二阶段在模型（1）中加入计算得到的 IMR 作为控制变量，以控制可能出现的样本选择误差。表 4.10 第（2）列显示，第二阶段中控制了内生性问题（IMR）后，财务共享依然能显著降低企业的盈余操纵水平。研究结论依然支持 H4-1。

表 4.10　Heckman 两阶段和 PSM1：1

变量	第一阶段 （1） FSSC	第二阶段 （2） DA	PSM1：1 （3） DA
FSSC		-0.006*** (-3.44)	-0.007*** (-2.63)
Size	0.396*** (31.38)	-0.052*** (-3.16)	-0.003** (-2.52)

变量	第一阶段 （1） FSSC	第二阶段 （2） DA	PSM1：1 （3） DA
Lev	−0.631***	0.112***	0.022*
	（−7.39）	（4.14）	（1.78）
Soe	−0.114***	0.008	−0.001
	（−3.59）	（1.55）	（−0.35）
Growth	−0.150***	0.073***	0.052***
	（−4.28）	（7.55）	（2.80）
ROA	−0.400	−0.078***	−0.181***
	（−1.40）	（−3.04）	（−3.84）
Loss	0.105*	0.011**	0.027***
	（1.81）	（2.18）	（4.67）
Top1	0.011	−0.001	−0.017*
	（0.12）	（−0.11）	（−1.95）
Board	−0.108	−0.006	−0.024***
	（−1.34）	（−0.77）	（−2.62）
Ind	0.323	−0.068***	0.006
	（1.15）	（−3.77）	（0.21）
Dual	0.018	−0.003**	−0.003
	（0.53）	（−2.07）	（−0.75）
Opinion	0.132	−0.037***	0.003
	（1.51）	（−5.42）	（0.22）
IMR		−0.147***	
		（−3.01）	
_cons	−10.284***	1.562***	0.177***
	（−31.85）	（3.41）	（5.93）
N	29484	29484	2863
R^2		0.070	0.119
adj. R^2		0.070	0.115
F		65.497	11.622

3. PSM 检验

为缓解财务共享与会计信息质量之间的内生性问题，使用倾向得分匹配（PSM）来控制实施财务共享和未实施财务共享的企业之间的系统性差异。控制了企业规模、财务杠杆、企业性质、企业成长性、总资产收益率、是否亏损、股权集中度、董事会规模、独立董事比例、两职合一、审计意见后，在实验组和控制组进行 1 比 1 无放回的近邻匹配，共得到 2863 个样本。进而采用配对后的样本对财务共享与会计信息质量之间的关系进行多元回归检验，表 4.10 第（3）列显示，财务共享与盈余操纵水平依然显著负相关，研究结论保持不变。

4. 工具变量法

为了缓解反向因果可能导致的内生性问题，本书还采用了工具变量法。通常情况下，同地区的数字化转型程度会对本企业是否实施财务共享产生影响，但是并不会直接影响本企业的会计信息质量，从逻辑上满足工具变量所需要的相关性和外生性的要求。因此本书采用同地区平均的数字化程度（FSSC_ IV）作为工具变量，放入模型（3）中进行重新检验，实证结果如表 4.11 所示，列（1）为第一阶段的回归结果显示，FSSC_ IV 与 FSSC 的回归系数均显著正相关，且通过了弱工具变量检验。列（2）为第二阶段的回归结果显示，FSSC 的回归系数显著正相关，说明在解决内生性问题后，财务共享仍然显著提升会计信息质量，研究结论依然支持 H4-1。

表 4.11　工具变量法

变量	(1) FSSC	(2) DA
FSSC_ IV	0.044*** (0.013)	
FSSC		−0.320* (0.168)

变量	(1) FSSC	(2) DA
Size	0.038***	0.010
	(0.002)	(0.006)
Lev	−0.032***	0.010
	(0.007)	(0.007)
Soe	−0.004	−0.009***
	(0.003)	(0.002)
Growth	−0.008***	0.051***
	(0.002)	(0.002)
ROA	−0.013	−0.134***
	(0.027)	(0.016)
Loss	0.006	0.028***
	(0.005)	(0.003)
Top1	0.037***	0.008
	(0.009)	(0.008)
Board	0.021**	−0.014**
	(0.008)	(0.006)
Ind	0.085***	−0.005
	(0.030)	(0.022)
Dual	−0.001	−0.001
	(0.003)	(0.002)
Opinion	0.014**	−0.018***
	(0.006)	(0.005)
Constant	−0.900***	−0.109
	(0.041)	(0.153)
Observations	29441	29441
R-squared	0.085	−0.256
Weak identification test	12.93	12.93

第四节 财务共享影响会计信息质量的路径机理检验

一、信息路径检验

表 4.12 是基于模型（4-5）和模型（4-6）对信息路径进行检验的结果。"信息不对称"路径的检验结果如表 4.12 第（1）~（4）列所示。第（1）列和第（3）列显示，FSSC 的系数均在 1% 的水平上显著为正，表明财务共享能够显著提升信息透明度和媒体报道次数。第（2）列和第（4）列显示，TRANS 和 Media 的系数均在 1% 的水平上显著为负，表明信息透明度、媒体报道在财务共享与会计信息质量之间起着显著的中介作用。以上信息路径检验结果表明，财务共享能够通过显著提升信息透明度和增加媒体报道次数，来改善信息不对称，进而提升会计信息质量。即财务共享的确能够提升降低财务和业务、股东和管理者之间、股东之间的信息不对称，进而提升会计信息质量。H4-3 得到验证。

表 4.12 信息路径检验

变量	(1) TRANS	(2) DA	(3) Media	(4) DA
FSSC	0.026*** (5.65)	−0.003* (−1.72)	0.212*** (7.32)	−0.004** (−2.47)
TRANS		−0.031*** (−7.19)		
Media				−0.002*** (−2.99)
Size	0.071*** (73.05)	0.000 (0.40)	0.410*** (71.82)	−0.003*** (−2.66)

续表

变量	（1） TRANS	（2） DA	（3） Media	（4） DA
Lev	-0.101***	0.018***	0.005	0.021***
	(-18.34)	(3.45)	(0.14)	(4.16)
Soe	0.004*	-0.008***	-0.138***	-0.007***
	(1.81)	(-5.14)	(-11.06)	(-4.96)
Growth	0.004*	0.054***	0.026**	0.054***
	(1.72)	(6.82)	(2.31)	(6.79)
ROA	0.874***	-0.103***	2.010***	-0.135***
	(39.91)	(-4.99)	(17.56)	(-6.89)
Loss	-0.025***	0.025***	0.327***	0.025***
	(-7.32)	(10.63)	(14.97)	(10.33)
Top1	0.004	-0.004	-0.246***	-0.003
	(0.64)	(-0.72)	(-6.76)	(-0.63)
Board	0.029***	-0.020***	0.190***	-0.021***
	(5.11)	(-3.42)	(6.00)	(-3.64)
Ind	0.051**	-0.031**	1.158***	-0.035***
	(2.53)	(-2.30)	(10.63)	(-2.64)
Dual	0.006***	-0.000	0.077***	-0.001
	(3.06)	(-0.09)	(6.64)	(-0.31)
Opinion	0.031***	-0.021***	-0.357***	-0.021***
	(6.35)	(-5.56)	(-11.74)	(-5.64)
_cons	-1.275***	0.135***	-4.964***	0.186***
	(-52.60)	(7.27)	(-34.55)	(10.03)
N	29441	29441	29441	29441
R^2	0.394	0.088	0.376	0.087
adj. R^2	0.393	0.087	0.375	0.086
F	370.188	29.297	399.014	27.195

二、代理路径检验

表4.13是基于模型（4-5）和模型（4-6）对代理路径进行检验的结果。

"代理"路径的检验结果如表4.13第（1）～（6）列所示。第（1）列显示，FSSC 的系数在1%的水平上显著为正，表明财务共享能够显著提升资产周转率，第（2）列显示，Turn 的系数在1%的水平上显著为负，表明资产周转率在财务共享与会计信息质量之间起着显著的中介作用。第（3）列和第（5）列显示，FSSC 的系数均在1%的水平上显著为负，表明财务共享能够显著降低管理费用增长率和对子公司的担保比例，第（4）列和第（6）列显示，Mgfee 和 Guar 的系数均在1%的水平上显著为正，这与我们的推测相符合，即管理费用增长率和对子公司的担保比例越高，公司的盈余管理行为越严重，会计信息质量越低；同时也表明财务共享能够通过降低管理费用增长率和对子公司的担保比例，进而提升会计信息质量。

表4.13　代理路径检验

变量	(1) Turn	(2) DA	(3) Mgfee	(4) DA	(5) Guar	(6) DA
FSSC	0.071***	−0.004**	−0.010***	−0.004*	−0.003***	−0.002*
	(5.88)	(−2.32)	(−5.14)	(−1.83)	(−4.07)	(−1.91)
Turn		−0.003***				
		(−3.94)				
Mgfee				0.016***		
				(3.82)		
Guar						0.187***
						(5.73)
Size	−0.021***	−0.002**	0.013***	−0.002**	0.003***	−0.002***
	(−6.71)	(−2.11)	(10.04)	(−2.48)	(20.53)	(−3.23)
Lev	0.539***	0.019***	0.001	0.021***	0.047***	0.012
	(24.52)	(3.57)	(0.09)	(4.16)	(46.58)	(1.57)
Soe	0.039***	−0.008***	−0.047***	−0.007***	−0.007***	−0.007***
	(5.32)	(−5.36)	(−16.25)	(−4.87)	(−19.15)	(−4.03)
Growth	0.065***	0.054***	0.177***	0.051***	0.001***	0.054***
	(7.60)	(6.79)	(37.81)	(6.10)	(3.00)	(6.86)

变量	(1) Turn	(2) DA	(3) Mgfee	(4) DA	(5) Guar	(6) DA
ROA	1.026*** (13.40)	−0.134*** (−6.78)	0.235*** (7.92)	−0.135*** (−6.92)	−0.009*** (−2.72)	−0.129*** (−6.62)
Loss	−0.001 (−0.08)	0.026*** (10.82)	0.054*** (9.77)	0.025*** (10.12)	0.003*** (3.59)	0.026*** (10.79)
Top1	0.232*** (12.10)	−0.005 (−0.88)	0.003 (0.37)	−0.004 (−0.75)	−0.011*** (−11.50)	−0.002 (−0.40)
Board	0.001 (0.03)	−0.021*** (−3.54)	−0.005 (−0.58)	−0.021*** (−3.53)	−0.002** (−2.38)	−0.020*** (−3.57)
Ind	−0.119* (−1.93)	−0.032** (−2.37)	−0.018 (−0.66)	−0.032** (−2.38)	−0.003 (−0.99)	−0.032** (−2.39)
Dual	−0.029*** (−4.35)	−0.000 (−0.15)	0.014*** (4.78)	−0.001 (−0.34)	0.001** (2.43)	−0.000 (−0.28)
Opinion	−0.033 (−1.10)	−0.022*** (−5.82)	0.006 (0.68)	−0.022*** (−5.90)	−0.000 (−0.29)	−0.022*** (−5.81)
_cons	0.704*** (8.56)	0.173*** (9.95)	−0.154*** (−4.69)	0.178*** (10.17)	−0.070*** (−18.73)	0.189*** (9.20)
N	29441	29441	29441	29441	29441	29441
R^2	0.199	0.087	0.273	0.088	0.278	0.088
adj. R^2	0.198	0.086	0.272	0.086	0.277	0.087
F	183.616	27.473	163.313	28.008	107.814	27.359

以上代理路径检验结果表明财务共享能够通过显著提升资产周转率、降低管理费用率和对子公司的担保比例，进而提升会计信息质量。这表明一方面，财务共享不仅能够缓解管理者的道德风险问题，降低其在工作上"偷懒"的概率，提升其利用资源的效率，减少公司资源的闲置或浪费，从而缓解股东与管理层之间的代理问题，降低代理成本。另一方面，财务共享还有助于减少母公司对子公司的利益输送，降低母子公司之间的代理问题，进而提升会计信息质量。H4-4得到验证。

第五节　本章小结

本章以 2009~2020 年中国上市公司为研究样本，手工收集上市公司实施财务共享服务的数据，研究财务共享对会计信息质量的影响及其机制。研究发现，财务共享可以提高会计信息质量，采用替换变量、PSM、Heckman 等方法进行一系列稳健性检验，研究结论依然成立。本书还检验了财务共享的实施时间对会计信息质量的影响，发现共享服务实施时间越长，提升会计信息质量的效果越明显，这进一步验证了实施财务共享的积极意义。路径机理检验发现，财务共享能够降低信息不对称和代理成本来提升会计信息质量。本章的研究结论有利于理论界和实务界更加充分地认识到财务共享的会计信息治理功效，揭开了财务共享影响会计信息质量的黑箱，有助于政府和企业积极推动财务共享的建设和发展。

第五章 集团管控视角下财务共享对会计信息质量的影响研究

财务共享是集团管控的战略平台与重要工具，集团管控则是财务共享的根本动因与核心诉求，两者密不可分。企业集团成立的目的是实现规模经济效应与协同效应。其中协同效应的实现依赖于母公司对于分子公司的管控（张庆龙等，2016），而最终管控效果则取决于其管控动机和管控能力（朱方伟，2018；徐鹏等，2020）。不同集团管控动机和管控能力下，实施财务共享的动机和能力也存在差异，会制约财务共享的实施效果，并最终对会计信息质量产生不同的影响，基于此，本书选择管控动机和管控能力两个维度来考察不同集团管控视角下财务共享对会计信息质量的影响。

第一节 研究假设

一、不同集团管控动机下财务共享对会计信息质量的影响

在集团管控动机方面，当子公司的抵押能力（资产收入规模）越强、盈利

能力越强，其对于母公司的重要性就越强（Almeida 等，2006；2011），越要放到眼皮底下进行重点管控，集团母公司对该子公司的管控动机越强。在子公司成长期，企业的主要战略目标是抢占市场份额，扩大经营业绩，增强企业的核心竞争力（马宁和王雷，2018），在资金、人员等方面，也更多地依赖母公司的资源，母公司也有较强的控制动机。当子公司采用成本领先战略时，需要在保障产品质量的基础上实现成本的降低（吴苁等，2016），此时也需要母公司严格控制生产过程，母公司对子公司的管控动机也较强。基于以上分析，本书选取子公司的规模和重要性、生命周期和经营战略作为集团管控动机的分类依据。当子公司的规模和重要性越强、处于成长期、采用成本领先战略时，本书认为集团对子公司的管控能力越强。

（一）子公司规模与重要性

子公司的规模与母子公司的管理程度呈正相关关系，即子公司的规模越大时，母公司越趋向于对其采用集权的管控方式（乔雪莲，2011）。这是因为，一方面，子公司规模的扩大意味着其经营实力增强，对母公司的依赖程度将会减轻，此时母公司需要逐步加强对其的管控，否则整个企业集团都会失去凝聚力。另一方面，由于规模大的子公司在整个企业集团中占据举足轻重的地位，需要母公司确保其经营稳定，因为该类子公司一旦出现运营问题，组织将会受到广泛的负面影响。为了避免这种不利情况发生，母公司通常对其采用集权模式，减少授权。

此外，子公司对集团业务的贡献越多，集团对其依赖性越大，也越可能对其采用相对集权的控制模式（Baliga 和 Jaeger，1984；朱方伟等，2015），这体现了子公司在集团战略发展中的重要程度对母公司管控模式选择的影响，被称为战略重要性（Ghoshal 和 Bartlett，1990）。

因此，与子公司规模小的企业相比，当子公司规模大时，母公司对子公司的管控动机更强。一方面，当子公司规模更大时，母公司更有动机通过财务共享服务中心强有力地贯彻集团的有关政策，让前端分、子公司不折不扣地执行，简化业务流程和财务流程，提升财务管理效率，降低信息成本；并通过对财务共享系统的各种应用产生的大量数据进行专业化分析，让集团高管真切了解到业务运行的真实状况，提升信息的真实性和可靠性，并以此作出准确的判断和决策，重塑前端业务。另一方面，相比于子公司规模小的企业，子公司规模大的企业更有利于发挥财务共享的规模化效应，通过集中的财务管理降低资源的过分占用和浪费；有利于通过财务共享对子公司进行直接的监督管理，减少垂直层级过多导致的监督成本过高或效率低下现象；更有利于统一的标准和规范的推行，使会计信息得到及时、正确的传递，减少"信息上的断层"问题，增强会计信息的及时性、有用性。此外，规模大的子公司更容易通过财务共享实现规模经济效益，在一定的成本约束下实现会计信息效率和质量的提升。

就子公司的重要性而言，子公司的创收能力和盈利能力决定了其在集团母公司中的地位。相比于子公司经营业绩较差的企业，一方面，子公司创收能力和盈利能力好的企业面临着更多重复和零散的业务流程，而在财务共享模式下，业务和资源都集中在财务共享中心，通过对大量、高复杂度的业务流程进行重组，有利于将不同地区的相同业务流程进行规模化、集中化处理，并将企业内部分散在各分支机构的若干个具有同样职能的部门进行整合，批量处理相同的业务，通过对各分、子公司重复建设的财务机构、重复设置的岗位、重复配置的人员进行整合，优化并消除一些重复非增值作业，使企业内部各单位的业务流程和会计估计标准得到统一，提高了会计信息的可比性；运用集中核算产生的规模效应，大大降低运营成本和企业对基层财务人员数量的需求，提高财务处理效率；并通过网络进行数据采集、传输和处理，实现跨地域、跨部门的数据集成（王凤燕，2019），提升会计信息的及时性和可靠性。

此外，当子公司对于母公司的重要性较强，且在集团内占据举足轻重的地位时，母公司会对其进行更加严格的监督和管理，以预防子公司高管的"堑壕"

行为，降低子公司的代理问题。在较强的管控动机下，企业有较强的动机利用财务共享系统进行统一的财务处理，制定统一的财务会计准则和业务流程，集中处理同类别的财务信息，通过发达的公司间网络对各子公司实现及时的监督和控制，使得业务流程更加透明，降低了管理层进行盈余操纵的空间（王凤燕，2019）。基于流程和业务划分的处理单元使信息分配给特殊的业务处理系统，并由少量的人工来实现审核和处理，大大降低了管理者和员工合谋和欺诈的可能性，有利于增强会计信息的可靠性。且线性操作模式实现了审核和业务处理的随机性，可以消除情感因素和关系因素所产生的违规行为，确保业务处理的客观公正，核算账户的统一还能够实现对所有资金信息的实时监控，使得舞弊和挪用等资金风险进一步降低，更有助于改善会计信息质量。

基于以上分析，本书用子公司的资产占比来衡量子公司的规模，用子公司的收入占比和盈利占比来衡量子公司的重要性，并提出以下假设：

H5-1：当子公司规模越大、重要性越强时，集团的管控能力更强，财务共享提升会计信息质量的效果更明显。

（二）子公司生命周期

企业生命周期是指企业从诞生到衰退的阶段性和共同规律性的变化（闵丹和韩立岩，2008），一般包括成长、成熟和衰退三个阶段。在不同的生命周期，企业会表现出不同的组织形式、成长能力，面临不同的资源约束，因此在公司治理、财务计划和经营决策方面也会有所不同（邢斐等，2022）。集团母公司也会根据其子公司所处的特定发展阶段实施不同程度的管理（乔雪莲，2011）。

在子公司成长期，企业的主要战略目标是抢占市场份额，扩大经营业绩，增强企业的核心竞争力。企业主要追求技术导向或市场导向，而不是产品创新和服务升级。注重新产品的制造和销售，不重视管理活动（马宁和王雷，2018）。企业往往还没有正式和稳定的组织结构，在管理方面更多地依赖或遵循母公司的管理，在资金、人员等方面，也更多地依赖母公司的资源，而母公司对初创阶段的子公司也会采取集中管控模式。此时，子公司的发展主要取决于企业家个人的管理和运营能力，母公司对其有着较强的控制动机，以引导和支持企业的正常发展。

在子公司的成熟阶段，企业已经建立了按职能划分的组织架构，和一些主要的管理制度、员工激励制度和工作标准。企业进入规范化阶段，形成了分散的组织结构，将日常生产经营权限下放到较低管理层，而管理者主要从事战略决策和重要的人事财务决策，以及处理公司的特殊事务。组织结构更加强调专业化、制度化和规范化，公司规模和绩效也有了明显提升，子公司的自主权进一步增强，实行分权管理模式。母公司需要分散权力，对子公司的控制动机逐渐减弱（乔雪莲，2011）。

当子公司进入经营衰退期时，基于集团整体战略考虑，母公司一般会在集团整体中纳入子公司的退出战略或转让战略，加强对子公司的引导和控制。母公司虽然会从战略控制、财务控制等方面加强对子公司的集中管理，但并不是以技术或市场为导向。

综上，相比于成熟期和衰退期，处于成长期的子公司，本身更依赖母公司的资源和管理，且处于成长期的企业信息不对称程度更高（邢斐等，2022）、经营风险更高（李晓燕和金卫东，2005）。财务共享可以使成长期的子公司的财务业务处理更加规范有效，降低合规风险，增强子公司识别和控制各单位风险的能力，降低信息不透明和减少信息失真，提升财务信息的准确性。针对成长期子公司决策机制单一、对母公司依赖性强、抗风险能力较弱的问题，可以通过财务共享聚焦经营管理，实现资源的有效整合，为子公司的运行提供高效优质的基础信息，充分发挥财务决策支持作用，提高会计信息质量。基于以上分析，本书提出以下假设：

H5-2：当子公司处于成长期时，集团的管控动机更强，财务共享提升会计信息质量的效果更明显。

（三）子公司经营战略

竞争战略是企业战略管理体系的重要组成部分，其核心目标是帮助企业提高市场份额和经济利润，获得可持续的竞争优势，可分为成本领先战略和差异化战略（Porter，2007）。

差异化战略是企业增强产品独特性、提高产品质量和服务质量，以区别于同行业其他企业来体现自身差异化优势，是进攻型战略的重要类型（马宁和王雷，2018）。其核心是成为占领市场的领导者，通过不断扩大投资、不断拓展新的业务领域，来占据更大的市场份额，获取更多的利润（吴芃等，2016）。成本领先战略主要通过形成规模经济来降低生产成本，力争成为市场竞争中成本最低者，进而凸显自身的竞争优势，属于防御性战略。其核心是在保护和巩固现有市场的基础上，提升资产的利用效率、降低生产成本和提升服务质量（吴芃等，2016）。

由于差异化战略强调创新和变革，注重营销和研发，需要营造宽松的环境与氛围，母公司需要将权力下放给子公司并进行充分的授权，以促进创新和变革，适宜采用自主管理型模式（陈志军，2007），此时母公司对子公司的管控动机相对较弱。而成本领先战略在保障产品质量的基础上实现成本的降低，因此需要母公司严格控制生产过程，此时母公司对子公司的管控动机较强。

基于以上分析，相比于差异化战略，当子公司采用成本领先战略时，实施财务共享更有利于其战略意图。这主要出于以下原因：首先，通过财务共享服务，可对大量基础性、重复性的业务流程进行统一、规范化的处理，消除了非增值作业，可有效降低人工成本和管理成本，有助于实现规模经济效应，进而实现产品成本的降低，以建立低成本的竞争优势。其次，财务共享有助于将管理者的精力聚焦于经营决策和战略支持，使管理者将注意力放在保护和巩固现有市场的基础上，并通过知识和人员的集中来有效提升资产的利用效率和提升服务质量，这为成本下降而产品质量保持不变或改进提供了另一种可能。在子公司实施低成本战略时，一方面，更需要财务共享提供实时的、可靠性的、准确的信息以及时应对市场的变化，降低企业生产成本；另一方面，集团管控动机较强，通过财务共享进行实时和全范围的监控将会执行得更彻底，这降低了管理者盈余操纵、违规或者舞弊的可能性，有助于改善会计信息质量。

综上，当子公司实施成本领先战略时，更需要通过财务共享对整个公司价值链的财务和业务活动进行全过程管理，实现面向全流程的信息化管理、协同管理和实时沟通，在降本增效的同时达到提升会计信息质量的目的。

基于以上分析，本书提出以下假设：

H5-3：当子公司实施成本领先战略时，集团的管控动机更强，财务共享提升会计信息质量的效果更明显。

二、不同集团管控能力下财务共享对会计信息质量的影响

在集团管控能力方面，母子公司控制系统是一个有机系统，选择何种控制模式和方法在很大程度上取决于母子公司的控制环境，如多元化程度、集团类型、母子公司资源匹配度以及信息化水平等（陈志军，2007；朱方伟等，2018），进而对集团的管控能力产生重要影响。

就多元化程度而言，业务的多元化程度越高，生产经营的复杂程度也急剧上升，进而导致集团母公司对子公司的管理难度加强；而多元化程度越低，越有利于母公司对子公司进行统一管理（陈志军，2007）。

就集团类型而言，资本型集团总部主要从事资本管理和战略决策，子公司业务类型广泛。混合型集团不仅从事资本管理、战略决策和统一经营活动，还直接从事生产经营活动。产业型集团注重生产经营，要求母公司严格控制子公司的所有生产（陈志军，2007）。

就资源的匹配度而言，母子公司之间的资源匹配度越高，越有利于资源在集团内部快速流动和高效利用，集团内部资源的配置效率也会大幅提升，越有利于集团母公司对子公司进行管控（朱方伟等，2018）。

就信息化程度而言，信息技术为财务管理的协同与共享提供了强大的信息共享系统，集团的信息化程度越高，业务和财务的融合程度就越高，越有利于增强集团的信息技术支撑能力，集团母公司对子公司的管控能力就越强。

基于以上分析，本书选取集团多元化程度、集团类型、内部资本市场配置效率以及信息化程度作为集团管控能力的分类依据。本书认为，当集团的多元化程度越低、为产业型集团、内部资本市场配置效率越高、信息化程度越高时，集团母公司对子公司的管控能力越强。

（一）集团多元化程度

在经营业务的内容结构上，规模巨大、实力雄厚的企业集团一般会采取跨部门、跨地区甚至跨国度多元化经营战略，通过内容结构及层次多样化产生规模经济效应，进而增强整体风险的抵御能力（贾小强等，2020）。关于企业集团多元化的理论主要以市场势力理论、资源基础理论为理论基础（Jurkus 和 Park，2011），资源基础理论认为市场的不完备性或资产的专用性导致企业资源闲置或浪费，而经营多元化则可以充分利用企业资源。市场势力理论则认为经营多元化通过横向补贴、互惠交换等获取竞争优势和市场的支配地位。

对于多元化经营的企业集团而言，其涉足不同业务领域来创造业绩新增长点，是许多企业集团发展到一定阶段后选择的战略路径。但对于子公司而言，由于经营品种增加、生产经营活动的复杂程度增加（仓勇涛等，2020），且不同业务有不同的经营要求和文化风格（Stein，1997），多元化经营产生的复杂业务结构、多样化的经营和差异性的组织文化促使企业经营环境的复杂化加深（Ghosh 和 Olsen，2009；仓勇涛等，2020），导致集团对子公司进行统一管控的难度加大。

由于财务共享主要是通过对所有子公司采用相同的标准作业流程和规则，来废除那些冗余的、重复的和非增值的步骤和流程，主要执行的标准化、重复性高、相对简单的业务流程。相比于多元化程度低的企业集团，多元化程度高的企业集团由于业务类型不同，不同子公司之间的业务流程差异较大，复杂程度较高，无法适用于财务共享服务标准化、流程化、统一化的业务场景，使财务共享在多元化程度高的企业集团发挥的作用有限。而在多元化程度低的企业集团，由于业务范围相对集中和单一，一方面有利于集团对各子公司进行统一监督和管理，及时获取各子公司的信息，减少母公司和子公司的信息不对称；另一方面相对稳定和复杂度低的经营环境有利于执行统一、标准化的业务流程，不仅有利于快速获取和处理各子公司的财务信息，并转化为有用的会计信息来为管理者决策服务，还有利于会计信息在不同子公司之间、不同经营期间进行横向和纵向的对比分析，进一步提升会计信息质量。

基于以上分析，本书提出以下假设：

H5-4：当集团多元化程度低时，其管控能力更强，财务共享提升会计信息的效果更明显。

（二）集团类型

企业集团根据业务性质的不同，可分为资本型、生产经营型（产业型）和资本与生产结合型（混合型）。对于主要从事资本管理的资本型企业集团来说，集团总部主要从事资本管理和战略决策，不直接从事生产经营活动。由于子公司从事的业务类型很广泛，需要集团总部放宽对下属子公司的控制，实行大范围分权，充分调动其积极性和主动性。生产经营型企业集团以生产经营为中心，需要集团总部高度重视和牢牢掌控子公司的所有生产经营活动，宜采取集中控制的方式。对混合型企业集团而言，由于其不仅从事集团的资本运作、战略决策活动，还从事生产经营活动，可以采取集中与分散之间的管理模式（陈志军，2007；朱方伟等，2018）。总体而言，对于以生产经营为主的产业型集团而言，集团表现出了更强的控制能力，强化了企业的生产经营效率，为集团创造了更高的价值。

对于产业型集团而言，由于其业务流程较多地涉及费用报销、资金结算、固定资产核算、采购到付款、总账到报表、成本核算、订单到收款等，更需要通过财务共享实现财务核算以及费用管控功能，获取更精准的财务和业务信息，来帮助企业实现更合理的成本分摊和更精细化的成本管理，以达到整体降本增效的目的。相比于资本型、混合型企业集团，一方面，产业型集团是应用财务共享的最佳场景，更适用于将易于标准化、信息化、重复性高、劳动力密集的业务如会计核算中的应收账款、应付账款、费用报销等业务资源整合在一起，通过会计核算流程再造和标准化来提升财务效率，促进会计信息质量的改善；另一方面，随着集团对产业型集团管控能力的增强，财务共享提升集团管控能力的作用也将随之凸显，大量的基础性财务工作将由共享中心完成，保证了会计信息的规范性和标准性，促使管理者将精力集中于经营分析和战略决策，进一步提升会计信息的有用性和相关性，这将有助于优化会计信息质量。

基于以上分析，本书提出以下假设：

H5-5：当集团类型为产业型时，其管控能力更强，财务共享提升会计信息的效果更明显。

（三）集团内部资本市场配置效率

资源的稀缺性要求提高资源配置效率。一方面，我国外部资本市场不发达，存在信息不对称、代理问题等诸多问题，使得许多有价值的项目由于无法筹措到足够的资金而被迫中止或流产；另一方面，一些大型企业具备资本实力雄厚、组织规模庞大、科技力量先进、发展途径多元化等优势，这为内部资本市场效应的发挥提供了良好的组织基础，并在我国的经济生活中占据越来越重要的地位（黄鹏和方小玉，2012）。

内部资本市场的有效运作具有优化资本配置（Cline 和 Garner，2014）、提升投资效率（袁奋强，2015）、缓解信息不对称（Tan 和 Ma，2016）和融资约束（杨理强等，2019）、强化监督激励（Gertner 等，1994）和现金持有的竞争效应（刘慧龙等，2019）、促进企业创新（杨理强等，2019）和集团内成员企业现金持有水平的动态调整（马忠等，2018）、发挥多钱效应和活钱效应（Chen 等，

2015)、提升企业绩效（袁奋强，2017）等功能，对企业的生存和发展起着重要的支撑作用。

内部资本的配置效率除了受多元化程度和类型的影响之外，还受到总部的管控能力、内部信息技术等诸多因素的影响（王峰娟和谢志华，2010）。财务共享服务的应用为集团加强管控能力、优化内部资源配置效率提升了强大的技术支持和组织基础（陈虎等，2018；张庆龙等，2018）

首先，基于智能共享中心，企业得以将内外部的人、财、物等资源整合在一起，打通内外部价值链条，颠覆和重构传统的业务财务处理流程，回归企业以交易为核心的运营本质，实现了交易透明化、自动化和数据真实化（王兴山，2018），通过财务处理的数字化使处于不同区域的分子公司会计信息无法及时正确传递的问题得到解决（张庆龙等，2016），有利于降低子公司之间以及母子公司之间的信息不对称。其次，财务共享中心可为高层管理者的财务决策提供指导，通过将那些简单、重复性强、低附加值、可流程化、标准化、信息化的业务处理事项集中起来；将决策支持、预算管理等高价值创造的活动从原来的财务部门分离出来，放到集团层面，这为集团内生产、开发、人事、投融资、营销等内部资源配置的协调和配置提供了技术条件和组织保障（张庆龙等，2018）；将更加优质的财务资源分散于集团总部与各业务中心，从而在增强集团对内部资本市场管控能力的同时，发挥财务的决策支持与战略资源配置功能，以优化的资源配置为企业带来高效、高价值的管理结果输出（贾小强等，2020），这在提升内部资本市场配置效率的同时也将有助于改善会计信息质量。

相比于内部资本市场配置效率低时，当集团内部资本市场配置效率较高时，财务共享服务可以使企业集团更高效地集聚资本以及在各分部之间对资本进行再次分配，并配置给优质的企业，通过最大限度地实现资源增值使集团总体获得最大的收益。在资源优化配置的过程中，一方面，资源的高效流转和规范利用能限制和约束管理层的自利倾向以及大股东的投机行为，降低其盈余操纵动机和行为，并能产生大量及时和可靠的信息，有助于会计信息质量的提升；另一方面，高效的内部资本市场配置效率也为财务共享中心充分发挥财务决策支持和战略资源配置功能提供了条件，能够为企业输出更高效、更高价值的会计信息，有助于进一步促进会计信息质量的提升。

基于以上分析，本书提出以下假设：

H5-6：当集团内部资本市场配置效率更高时，其管控能力更强，财务共享提升会计信息的效果更明显。

（四）集团信息化程度

在传统的财务会计模式中，财务会计流程远离业务流程，财务与业务部门之间的信息沟通不是实时的，而是远远落后于业务活动。相互冲突的需求、系统和跨职能的不整合可能阻碍数据的获取和有效使用，且多个信息系统的存在造成了系统的冗余和低效，使得在不同的系统间集成数据变得困难（Romney等，2012）。另外，由于企业的业务和财务的独立运作，缺乏有效的协调，导致信息传递过程存在非增值环节，这也在客观上降低会计信息质量（张瑞君等，2008）。

ERP系统以信息技术为基础，融合了信息技术和先进的管理思想。它将所有的商业活动整合成一个会计信息系统，收集、处理和存储数据，并评估企业对管理者和外部利益相关者所需的信息，从而解决了上述问题（Romney等，2012）。ERP是先进的管理思想和信息技术的有机结合。大量学者已经证明，ERP系统可以合理配置企业资源，有机整合企业的物流、资金流和信息流等，优化生产能力，加快响应速度，进而促进经济效益和竞争力的提升（张瑞君等，2008）。ERP软件的应用为企业管理提供了一个高质量的IT环境。目前，企业ERP系统由财务核算、资金管理、综合预算、供应链、生产制造等多个模块组成。基于ERP系统的财务共享中心则跳出了传统企业的边界，从供应链的视角对企业的资源和业务模式进行优化，满足了市场对资源合理配置的需求，对改善业务流程、提升核心竞争力，进而改善会计信息质量具有重要作用（Morris，2011；Efendi

等，2014）。

ERP 系统有助于促进财务共享中心的建设，使内部财务管理活动充分渗透到企业的经营活动中，增强财务响应能力和支持市场的能力（王兴山，2018）。财务共享中心在 ERP 系统的基础上，对集团多家子公司的人员、技术、流程等进行整合和调整，实现了对大规模同质化、事务性的业务活动进行集中化、标准化和程序化处理，实现对各个子公司财务的集中控制和统一核算（张瑞君等，2008）。这不仅有助于降低会计信息的获取成本，提高会计信息的规范性和可比性，而且能够防范财务舞弊风险，提高会计信息的可靠性。此外，财务共享中心与 ERP 系统整合后，企业内部财务管理逐渐摆脱了原有的低附加值业务操作。财务人员从日常会计核算转向财务管理，逐渐从应对数据处理转向加强数据预测，更多参与营销、产品设计、投资规划，并能直接参与管理决策（董皓，2018），这也将大大提高会计信息的质量。

随着信息化程度的提高，ERP 系统在企业中的实施越来越普及。但 ERP 的流程再造仅限于企业内部，无法延伸到企业整个价值链，导致整个链条上的相关数据无法得到及时、有效和完整的收集，导致管理者的经营和战略决策会在一定程度上受到信息的限制。且随着数字化的发展，相对标准化的方案能力和偏企业内循环的系统定位已经难以满足企业业务的个性化和外部协同的发展要求，ERP 的劣势逐渐凸显出来。而数字技术的出现则打破了"信息孤岛"和部门障碍，通过整合各部门的财务和业务数据、内部和外部数据（秦荣生，2015），使业务数字化成为可能，为高难度的、大范围的业财融合提供了技术保障（王亚星和李心合，2020）。

已有文献表明，数字化能够降低信息不对称，缓解代理问题（黄大禹等，2021），提升信息的可利用性（吴非等，2021）促进和改善决策质量（罗进辉和巫奕龙，2021）。数字技术不断地推动着业务数字化进程，有利于实现财务信息与业务信息的融合和共享，进而有助于提高会计信息质量。首先，业务数字化能够帮助业务信息和财务信息之间实现高度集成，促进财务向业务前端延伸，打破财务与业务之间的界限（刘俊勇等，2021），推动业财信息全面对接和整合，降低业务和财务之间的信息不对称，改善会计信息质量。其次，业务数字化使得财务业务一体化流程设计成为可能，促使企业从交易源头实时获取内部各单位和外部供应商、客户间的真实、完整、准确、口径一致的财务和业务数据，有助于实现内部流程的自动化处理（张庆龙等，2018），这样既保证了信息的实时传输和共享，又保证了财务账户和业务账户的同步生成，促进了财务业务信息的一致性（董皓，2018），增强了会计信息的可靠性和相关性。再次，业务数字化强化了会计的控制职能。能够实现全集团范围的财务监控，所有子公司的业务处理对于集团而言彻底透明化，财务共享中心可以随时查阅任何一笔业务，这为及时发现问题、降低管理者和财务人员违规、操纵或舞弊行为提供了可能性（王凤燕，2019），有助于提升会计信息的可靠性。最后，业务数字化促进了财务与业务的融合，有利于会计部门不断关注业务链条的非增值环节和节点，用流程再造的思想和信息化消除会计核算流程的非增值部分（王亚星和李心合，2020），提高会计信息生成的效率与有用性。此外，业务数字化还便于实现数据的智能数据捕获、数据分析、数据挖掘、数据管理、数据可视化等（贾小强等，2020），这也将有助于提高会计信息的相关性和有用性，进一步提升会计信息质量。

基于以上分析，本书以企业是否实施 EFP 和业务数字化来衡量企业的信息化程度，认为当集团的信息化程度高时，一方面，集团运用财务系统进行管控的能力更强，更有能力实现全集团内的财务管控，来降低管理层违规操作、盈余操纵或者舞弊的可能性；另一方面，业务和财务融合程度更高，更有利于降低财务和业务之间的信息不对称，进而提升会计信息质量。据此，本书提出以下假设：

H5-7：当集团的信息化程度更高时，其管控能力更强，财务共享提升会计信息的效果更明显。

第二节　研究设计

一、样本筛选与数据来源

本书研究了 2009~2020 年沪深 A 股上市公司，将合并报表视为企业集团，对样本进行如下筛选和处理：（1）剔除金融业公司样本；（2）剔除被 ST 的样本；（3）剔除数据存在缺失的样本以及无母公司报表以及母公司报表数据不全的样本，最终得到 29484 个公司年度观测值，并对连续变量进行 1% 和 99% 分位的缩尾处理。本书的数据主要来自 CSMAR 和 WIND 数据库。

二、变量定义与模型构建

（一）财务共享

财务共享的数据主要从中国上市公司年报中通过提取"共享服务""财务共享"等关键字段，然后阅读出现关键词前后文以判断是否实施财务共享，并对照历年《中国共享服务领域研究报告》核验，无法判别的公司再通过 WIND 数据库公司公告、百度搜索、国际财务共享服务管理协会网站等渠道搜集验证。

若上市公司实施了财务共享，则取值为 1，否则取 0。

（二）分组变量

集团管控动机。本书以子公司的资产占比、收入占比和利润占比、子公司的生命周期以及子公司的经营战略来测量集团的管控动机。

集团管控能力。本书以集团多元化程度、集团类型、内部资本市场效率以及集团的信息化程度来测量集团的管控能力。

（三）控制变量

已有研究表明，公司特征如公司规模、资产负债率、企业性质、经营绩效、成长性、股权集中度（Demerjian 等，2013；Habib 和 Jiang，2015，潘红波和韩芳芳，2016），内部治理特征如两职合一、董事会规模、独立董事比例、审计意见类型（Francis 等，2008；汪芸倩和王永海，2019）等会显著影响会计信息质量，因此参考前人的研究，我们分别选取以下变量作为控制变量：企业规模（Size）、财务杠杆（Lev）、企业性质（SOE）、企业成长性（Growth）、总资产收益率（ROA）、是否亏损（Loss）、股权集中度（Top1）、董事会规模（Board）、独立董事比例（Ind）、两职合一（Dual）、审计意见（Opinion）。

（四）模型构建

为了检验 H5-1~H5-6，本书构建了计量模型（5-1）；为了检验 H（5-7），构建了计量模型（5-2）：

$$DA = \beta_0 + \beta_1 FSSC + \beta_2 Size + \beta_3 Lev + \beta_4 Soe + \beta_5 Growth + \beta_6 ROA + \beta_7 Loss + \beta_8 Top1 +$$

$$\beta_9 Board + \beta_{10} Ind + \beta_{11} Dual + \beta_{12} Opinion + \sigma Industry + \sigma Year + \mu \qquad 式（5-1）$$

$$DA = \gamma_0 + \gamma_1 FSSC * Digital + \gamma_2 FSSC * (1-Digital) + \sigma Control + \epsilon \qquad 式（5-2）$$

在模型（5-1）中，为了检验不同管控动机下财务共享对会计信息质量的影响，我们分别将子公司资产占比、子公司收入占比、子公司利润占比设为分组变量，当子公司资产（收入、利润）占比高于其分行业分年度的中位数时，将其划分为子公司资产（收入、利润）占比高组；低于分行业分年度的中位数时，将其划分为子公司资产（收入、利润）占比低组。根据子公司的生命周期，将其划分为成长期、成熟期和衰退期。根据子公司的经营战略，将其划分为差异化战略和成本领先战略。若 FSSC 的系数在不同的分组样本中存在显著差异，则说明在不同的管控动机下，财务共享对会计信息质量的影响不同。

为了检验不同管控能力下财务共享对会计信息质量的影响，本书首先依据多元化程度的高低对样本进行分组，当多元化程度高于当年的中位数时将其划分为多元化程度高组，低于中位数时将其划分为多元化程度低组。其次，依据集团类型将样本进行区分，划分为资本型集团、产业型集团和混合型集团。再次，依据内部资本市场配置效率的高低对样本进行分组，当内部资本市场配置效率高于行业年度的中位数时，分为高配置效率组，低于中位数时分为低配置效率组。最后，为了检验集团信息化程度对会计信息质量的影响，本书分别将样本划分为有ERP组和无ERP组以及有业务数字化转型组和无业务数字化转型组，并将两个分组与FSSC进行交乘，形成新的分组。在以上分组中，若FSSC系数在不同的分组样本中存在显著差异，则说明在不同的管控能力下，财务共享对会计信息质量的影响不同。

在模型（5-2）中，Digital代表数字化转型，包含ERP和业务数字化（Digital），FSSC * Digital用来检验当企业自身实施ERP（业务数字化）同时又实施财务共享对会计信息质量的影响，FSSC * （1−Digital）用来检验当企业没有实施ERP（业务数字化）时，实施财务共享时对会计信息质量的影响。若γ_1和γ_2都显著为负，且γ_1的系数显著大于γ_2，则表明当集团的信息化程度更高时，财务共享提升会计信息质量的效果更明显。

变量的具体定义表如表5.1所示。

表 5.1　主要变量定义

变量名称		变量定义
盈余管理	DA	可操纵性应计项目，用修正的琼斯模型求得，并取绝对值
财务共享	FSSC	财务共享，若企业实施了财务共享则取值为1，否则取值为0
子公司资产占比	Son1	参考张会丽和吴有红（2011）的计算方法，用（合并报表中的资产总计−母公司报表中的资产总计）/合并报表中的资产总计来表示
子公司收入占比	Son2	参考张会丽和吴有红（2011）的计算方法，用（合并报表中的收入总计−母公司报表中的收入总计）/合并报表中的收入总计来表示
子公司利润占比	Son3	参考张会丽和吴有红（2011）的计算方法，用（合并报表中的利润总计−母公司报表中的利润总计）/合并报表中的利润总计来表示

续表

变量名称		变量定义
子公司的生命周期	LC	参考刘诗源等（2020）的测算方法
子公司的经营战略	Strage	参考吴昊旻和张可欣（2021）的测算方法
集团多元化程度	Dyh	参考曾春华和杨兴全（2012）的测算方法
集团类型	GM	资本型集团赋值为1；混合型集团赋值为2；产业型集团赋值为3
内部资本市场配置效率	ICM	参考王峰娟和谢志华（2010）研究
集团信息化程度1	ERP	ERP，若企业实施了ERP则取值为1，否则取值为0
集团信息化程度2	Dig	业务数字化，若企业进行了业务数字化则取值为1，否则取值为0

附注：资本性、混合性、产业性集团的分类方法：

第一步，统计和计算相关指标。分别检索上市公司及其子公司的名称中是否含有"投资""资产管理"等关键词；计算上市公司的投资收益占利润总额的比重，并进行三分位数处理；计算上市子公司的营业收入占集团营业收入的比重，并进行四分位数处理。

第二步，依据以上数据，对资本性、混合性、产业性这三大类集团进行划分和归类。具体方法如下：（1）资本型集团。将上市公司名称中含有"投资""资产管理"等关键词的公司、子公司的名称中含有"投资""资产管理"等关键词且满足上市公司的投资收益占利润总额的比重位于第三分位数（数值大小位于整体样本值的66.67%～100%区间，比重最大），同时子公司的营业收入占集团营业收入的比重位于第四分位数（数值大小位于整体样本值的75.02%～100%区间，比重最大）的样本划分为资本型集团。（2）混合型集团。将子公司的名称中含有"投资""资产管理"等关键词且满足上市公司的投资收益占利润总额的比重位于第二分位数（数值大小位于整体样本值的33.33%～66.67%区间，比重位于中间），同时子公司的营业收入占集团营业收入的比重位于第二和第三分位数（数值大小位于整体样本值的25.02%～75.02%区间，比重位于中间）的样本划分为混合型集团。（3）产业型集团。将剩余的样本划分为产业型集团。

附注：5-2：ERP数据通过爬取上市公司年报获取，若上市公司实施了ERP，则取值为1，否则为0。业务数字化参考吴非等（2021）的方法构建，若上市公司实施了业务数字化，则取值为1，否则为0。

第三节 描述性统计分析与实证结果分析

一、描述性统计分析

主要变量的描述性统计如表 5.2 所示，DA 均值为 0.063，中值为 0.040，最小值为 0，最大值为 8.098，标准差为 0.111，表明上市公司会计信息质量总体不高，且不同公司之间的会计信息质量差异较大。FSSC 的均值为 0.049，最小值为 0，最大值为 1，表明均有 4.9% 的上市公司实施了财务共享。Son1 的均值为 0.224，中位数为 0.181，均值高于中位数，表明子公司规模在集团中占据重要地位。Son2 的均值为 0.506，中位数 0.500，表示企业集团的营业收入较大程度上依赖子公司。Son3 的均值为 0.443，中位数为 0.270，标准差为 11.23，一方面说明了集团的盈利较多地依赖子公司，另一方面也说明了集团不同子公司之间的利润存在较大波动。LC 的均值为 1.762，说明处于成长期的企业较多。Strage 的均值为 0.535，表明约一半的企业实施了差异化战略。ICM 的均值大于 0，表明集团资本市场运行有效。Dyh 的均值为 0.366，中位数为 0.153，表明集团的多元化程度呈现右偏分布。ERP 的均值为 0.256，表明 25.6% 的企业目前实施了 ERP。Dig 的均值为 0.491，表明有 49.1% 的企业实施了业务数字化转型。

表 5.2 主要变量的描述性统计

变量	mean	p50	min	max	sd	N
DA	0.063	0.04	0	8.098	0.111	29484
FSSC	0.049	0	0	1	0.216	29484
Son1	0.224	0.181	−66.260	1	0.462	29484

续表

变量	mean	p50	min	max	sd	N
Son2	0.506	0.5	−2.688	1.529	0.363	29484
Son3	0.443	0.27	−751.5	6985	41.23	29484
LC	1.762	2	1	3	0.763	29233
Strage	0.535	1	0	1	0.428	29484
GM	2	2	1	3	0.817	29484
ERP	0.256	0	0	1	0.437	29484
Dig	0.491	0	0	1	0.5	29484
Dyh	0.366	0.153	0	2.187	0.439	29484
ICM	0.001	0	−0.003	0.018	0.003	29484

主要变量的分组描述性统计如表 5.3 所示，除了 Son3、LC、ROA 和 LOSS 外，其他的变量均值在 FSSC = 0 和 FSSC = 1 组均存在显著差异。对于 DA 而言，很明显，实施财务共享组的 DA 明显低于未实施财务共享组，表明实施财务共享组公司的盈余质量明显高于未实施财务共享的公司的质量。FSSC = 1 组中的 Son1 和 Son2 的均值显著大于 FSSC = 0 组的均值，表明实施财务共享组的集团管控动机明显高于未实施财务共享组。同时，FSSC = 1 组中 ICM、ERP 和 Dig 的均值显著大于 FSSC = 0 组，而 Strage 和 Dyh 的均值显著小于 FSSC = 0 组的均值，表明实施财务共享组的内部资本市场配置效率和信息化水平更高，更多的公司采用了成本领先战略，多元化程度更低，同时也反映了实施财务共享的企业集团管控能力比未实施财务共享组更强。

表 5.3　主要变量的分组描述性统计

变量	FSSC = 0	Mean1	with	Mean2	MeanDiff
DA	28041	0.064	1443	0.051	0.013***
Son1	28041	0.22	1443	0.297	−0.077***
Son2	28041	0.499	1443	0.636	−0.137***

续表

变量	FSSC = 0	Mean1	with	Mean2	MeanDiff
Son3	28041	0.453	1443	0.247	0.206
LC	27794	1.761	1439	1.771	−0.009
Strage	28041	0.244	1443	0.183	0.061***
GM	28041	1.993	1443	2.14	−0.147***
ERP	28041	0.252	1443	0.346	−0.094***
Dig	28041	0.477	1443	0.768	−0.291***
Dyh	28041	0.442	1443	0.362	0.080***
ICM	28041	0.001	1443	0.002	−0.001***

此外，在资产规模、财务杠杆、成长性、股权集中度、董事会规模、独立董事比例方面，实施财务共享的公司也明显高于未实施财务共享的公司。在产权性质方面，实施财务共享的国有企业占比更高。在两职合一方面，实施财务共享的数值更低，表明实施财务公司治理情况要明显好于未实施财务共享的公司。

二、实证结果分析

（一）不同集团管控动机下财务共享对会计信息质量的影响

1. 子公司的规模与重要性

根据模型（5-1）对不同集团管控动机下的财务共享与会计信息质量两者的关系进行检验，回归结果如表5.4所示，表5.4第（1）~（2）列所示，当子公司资产占比更高时，FSSC的系数显著为负；第（3）~（4）列所示，当子公司收入占比更高时，FSSC的系数也显著为负；第（5）~（6）列所示，当子公司利润占比更高时，FSSC的系数同样显著为负。以上回归结果表明，当子公司资产占比更高、收入占比更高、利润占比更高时，财务共享提升会计质量的作用更明显，这主要是由于集团母公司对规模大、经营业绩好、盈利能力强的子公司依赖性较强，会想方设法地加强对其的控制，会充分利用财务共享服务系统对各下属子公司进行统一管理，有利于降低母子公司之间以及财务和业务之间的信息不对称，约束和限制子公司高管的自利行为，进而促进会计信息质量的提升。以上结论综合表明，当集团母公司对子公司的管控动机更强时，实施财务共享提升会计信息质量的效果更明显。H5-1 得到验证。

表 5.4　子公司的规模与重要性

变量	子公司资产占比		子公司收入占比		子公司利润占比	
	高 (1) DA	低 (2) DA	高 (3) DA	低 (4) DA	高 (5) DA	低 (6) DA
FSSC	−0.006***	−0.001	−0.005**	−0.001	−0.006**	−0.001
	(−2.61)	(−0.22)	(−2.00)	(−0.44)	(−2.44)	(−0.35)
Size	−0.002*	−0.000	−0.001	−0.002**	−0.001	−0.002**
	(−1.76)	(−0.36)	(−0.92)	(−2.17)	(−0.63)	(−2.56)
Lev	0.030***	0.012*	0.025***	0.031***	0.025***	0.017***
	(4.14)	(1.80)	(2.99)	(6.05)	(2.96)	(3.52)
Soe	−0.008***	−0.007***	−0.011***	−0.006***	−0.008***	−0.008***
	(−3.87)	(−3.01)	(−4.76)	(−4.59)	(−3.33)	(−4.63)
Growth	0.051***	0.054***	0.057***	0.030***	0.059***	0.035***
	(7.00)	(3.38)	(6.08)	(5.73)	(5.74)	(4.45)
ROA	−0.113***	−0.141***	−0.186***	−0.049**	−0.138***	−0.113***
	(−3.91)	(−4.93)	(−6.36)	(−2.14)	(−5.06)	(−4.14)
Loss	0.023***	0.029***	0.021***	0.028***	0.023***	0.031***
	(7.28)	(8.29)	(5.45)	(10.89)	(6.16)	(10.35)
Top1	−0.003	−0.005	−0.003	−0.001	−0.015*	0.008
	(−0.37)	(−0.76)	(−0.26)	(−0.21)	(−1.70)	(1.51)
Board	−0.018***	−0.023**	−0.031***	−0.014***	−0.034***	−0.006
	(−3.24)	(−2.02)	(−3.13)	(−3.48)	(−3.27)	(−1.42)
Ind	−0.037**	−0.024	−0.057***	−0.001	−0.050**	−0.010
	(−2.02)	(−1.10)	(−2.63)	(−0.05)	(−2.27)	(−0.72)
Dual	0.004	−0.004*	0.001	−0.002	0.002	−0.002
	(1.53)	(−1.82)	(0.41)	(−1.13)	(0.53)	(−1.17)

续表

变量	子公司资产占比		子公司收入占比		子公司利润占比	
	高 (1) DA	低 (2) DA	高 (3) DA	低 (4) DA	高 (5) DA	低 (6) DA
Opinion	−0.019 *** (−3.51)	−0.021 *** (−3.92)	−0.019 *** (−3.69)	−0.021 *** (−3.89)	−0.015 *** (−3.15)	−0.024 *** (−4.08)
_cons	0.158 *** (7.16)	0.158 *** (6.43)	0.204 *** (7.71)	0.138 *** (7.94)	0.185 *** (6.91)	0.138 *** (6.54)
N	14809	14675	14745	14739	14809	14675
R^2	0.088	0.088	0.080	0.056	0.081	0.113
adj. R^2	0.085	0.085	0.078	0.055	0.079	0.110
F	15.588	17.550	26.778	20.469	13.671	19.071

2. 子公司的生命周期

根据模型（5-1）对不同生命周期下财务共享与会计信息质量两者的关系进行检验，回归结果如表5.5所示，表5.5第（1）～（3）列所示，当子公司处于生长期时，FSSC的系数显著为负。表明当子公司处于成长期时，实施财务共享提升会计信息质量的效果更明显。这主要是因为财务共享一方面可以使成长期的子公司财务业务处理更规范有效，降低业务和财务之间以及股东和管理层之间的信息不对称，强化信息准确性和可靠性。另一方面，对于成长期的子公司而言，财务共享能够为管理者决策提供高质量的信息，并使其专注于企业经营决策，改善决策的质量以促进企业稳健的经营和成长，减少管理者盈余操纵的动机，这都有助于提升会计信息质量。H5-2得到验证。

表 5.5　子公司的生命周期

变量	成长期	成熟期	衰退期
	(1) DA	(2) DA	(3) DA
FSSC	−0.005 * (−1.88)	−0.003 (−1.51)	0.001 (0.22)

续表

变量	成长期	成熟期	衰退期
	（1）	（2）	（3）
	DA	DA	DA
Size	−0.002	−0.002***	0.000
	（−1.55）	（−3.17）	（0.07）
Lev	0.019*	0.022***	0.027***
	（1.72）	（4.43）	（3.22）
Soe	−0.008***	−0.003**	−0.016***
	（−3.33）	（−2.16）	（−3.28）
Growth	0.069***	0.038***	0.025***
	（5.43）	（4.68）	（3.56）
ROA	−0.120***	−0.104***	−0.131***
	（−3.35）	（−4.15）	（−2.96）
Loss	0.020***	0.056***	0.006
	（4.85）	（17.49）	（1.08）
Top1	−0.010	0.006	0.003
	（−1.00）	（1.55）	（0.21）
Board	−0.025**	−0.011***	−0.019**
	（−2.02）	（−3.11）	（−2.24）
Ind	−0.017	−0.027**	−0.063*
	（−0.72）	（−2.04）	（−1.92）
Dual	0.002	−0.000	−0.006
	（0.69）	（−0.18）	（−1.49）
Opinion	−0.023***	−0.018***	−0.021***
	（−3.59）	（−2.64）	（−3.04）
_cons	0.190***	0.156***	0.138***
	（5.88）	（8.23）	（2.74）
N	12828	10539	5866
R^2	0.104	0.179	0.045
adj. R^2	0.101	0.175	0.037
F	8.150	22.137	6.342

3. 子公司的经营战略

根据模型（5-1）对不同子公司经营战略下财务共享与会计信息质量两者的关系进行检验，回归结果如表5.6所示，表5.6第（1）～（2）列所示，当子公司采用成本领先战略时，FSSC的系数显著为负。表明当子公司采用成本领先战略时实施财务共享，提升会计信息质量的效果更明显。这主要是由于当子公司采用成本领先战略时，实施财务共享更容易实现企业运营成本的降低以及服务质量的提升。并能对整个公司价值链的财务业务活动进行全过程管理，实现面向流程的信息化管理、协同管理和实时沟通，在降本增效的同时达到提升会计信息质量的目的。H5-3得到验证。

表5.6 子公司的经营战略

变量	差异化战略	成本领先战略
	（1） DA	（2） DA
FSSC	−0.002 （−0.40）	−0.005 ** （−2.52）
Size	−0.002 （−0.78）	−0.001 （−1.53）
Lev	0.014 （1.37）	0.019 *** （2.97）
Soe	−0.008 *** （−2.97）	−0.008 *** （−4.36）
Growth	0.039 *** （3.80）	0.055 *** （6.01）
ROA	−0.237 *** （−6.40）	−0.099 *** （−4.27）
Loss	0.015 *** （3.07）	0.029 *** （10.62）
Top1	0.004 （0.53）	−0.007 （−1.02）

续表

变量	差异化战略	成本领先战略
	（1）	（2）
	DA	DA
Board	−0.019***	−0.021***
	（−2.98）	（−2.78）
Ind	−0.031	−0.032**
	（−1.19）	（−2.05）
Dual	0.003	−0.001
	（0.84）	（−0.47）
Opinion	0.002	−0.027***
	（0.20）	（−6.22）
_cons	0.155***	0.169***
	（3.94）	（8.55）
N	7104	22380
R^2	0.104	0.085
adj. R^2	0.099	0.083
F	12.737	20.956

（二）不同集团管控能力下财务共享对会计信息质量的影响

1. 集团多元化程度、集团类型、内部资本市场配置效率

根据模型（5-1）对不同集团管控能力下财务共享与会计信息质量两者的关系进行检验，回归结果如表5.7所示，表5.7第（1）～（2）列所示，当多元化程度更低时，FSSC的系数显著为负，这主要是因为当多元化程度更低时，更有利于集团母公司对子公司进行统一管控，为财务共享服务中心执行统一化、标准化的业务流程创造条件，进而促进会计信息质量的提升。第（3）～（5）列所示，当集团为产业型集团时，FSSC的系数也显著为负，这主要是因为一方面财务共享服务的业务范围更适用于产业型集团，另一方面产业型集团本身的集中管控模式也更有利于财务共享充分规模化效应，提升财务效率，进而优化会计信息

质量。第（6）～（7）列所示，当内部资本市场配置效率高时，FSSC 的系数也显著为负，这主要是由于内部资本市场的有效运行可以强化集团管控能力，促进财务共享系统输出更高质量的会计信息。以上回归结果综合表明，当集团的管控能力更强时，财务共享提升会计质量的作用更明显。H5-4、H5-5 和 H5-6 得到验证。

表 5.7　集团多元化程度、集团类型、内部资本市场配置效率

变量	多元化程度		集团类型		内部资本市场配置效率		
	高 （1） DA	低 （2） DA	资本型 （3） DA	混合型 （4） DA	产业型 （5） DA	高 （6） DA	低 （7） DA
FSSC	-0.003 (-1.14)	-0.004* (-1.88)	-0.003 (-0.83)	-0.003 (-1.23)	-0.005* (-1.90)	-0.005** (-2.30)	-0.002 (-0.70)
Size	-0.003** (-2.34)	-0.000 (-0.24)	0.002 (1.34)	-0.004** (-2.49)	-0.004*** (-2.64)	-0.004*** (-4.61)	0.000 (0.31)
Lev	0.025*** (3.64)	0.016** (2.18)	-0.002 (-0.17)	0.049*** (5.28)	0.051*** (9.16)	0.034*** (4.26)	0.019*** (3.19)
Soe	-0.008*** (-3.49)	-0.008*** (-4.07)	-0.010*** (-3.09)	-0.004** (-2.08)	-0.004 (-1.58)	-0.004 (-1.59)	-0.009*** (-5.12)
Growth	0.039*** (5.58)	0.062*** (5.00)	0.077*** (4.22)	0.056*** (5.69)	0.018*** (3.21)	0.047*** (5.51)	0.054*** (5.49)
ROA	-0.198*** (-5.57)	-0.094*** (-3.97)	-0.383*** (-13.44)	0.103*** (3.88)	0.382*** (11.55)	-0.098*** (-2.88)	-0.132*** (-5.51)
Loss	0.016*** (4.27)	0.032*** (10.36)	-0.004 (-0.86)	0.035 (1.16)	0.018*** (3.04)	0.053*** (12.03)	0.022*** (7.36)
Top1	-0.005 (-0.65)	-0.002 (-0.27)	-0.018 (-1.41)	-0.005 (-0.87)	0.001 (0.15)	0.008 (1.05)	-0.006 (-0.93)
Board	-0.016** (-2.57)	-0.024*** (-2.61)	-0.027* (-1.66)	-0.019*** (-3.00)	-0.009 (-1.60)	-0.006 (-1.13)	-0.025*** (-3.24)
Ind	-0.019 (-0.95)	-0.040** (-2.15)	-0.043 (-1.47)	-0.016 (-0.82)	-0.005 (-0.24)	-0.019 (-1.02)	-0.034** (-1.98)

续表

| 变量 | 多元化程度 | | 集团类型 | | 内部资本市场配置效率 | | |
	高 （1） DA	低 （2） DA	资本型 （3） DA	混合型 （4） DA	产业型 （5） DA	高 （6） DA	低 （7） DA
Dual	0.001 （0.49）	−0.002 （−0.84）	−0.003 （−0.82）	0.000 （0.01）	0.001 （0.22）	0.001 （0.22）	−0.000 （−0.23）
Opinion	−0.020*** （−3.66）	−0.018*** （−3.53）	−0.013*** （−2.67）	−0.004 （−0.56）	−0.013** （−2.14）	−0.042*** （−4.20）	−0.017*** （−4.02）
_cons	0.187*** （7.03）	0.149*** （6.32）	0.126*** （3.47）	0.157*** （5.66）	0.144*** （5.39）	0.195*** （7.95）	0.137*** （6.01）
N	11922	17562	9828	9828	9828	7351	22133
R^2	0.069	0.106	0.133	0.119	0.060	0.151	0.079
adj. R^2	0.066	0.103	0.129	0.115	0.056	0.146	0.077
F	15.957	17.454	18.069	8.943	14.961	15.102	19.437

2. 集团的信息化程度

表5.8是依据模型（5-2），检验当企业处于数字化转型不同阶段时，财务共享对会计信息质量的影响。表5.8第（1）列显示了在企业进行数字化转型的初级阶段，是否实施 ERP 对财务共享与会计信息质量两者关系的影响。其中，FSSC＊ERP 和 FSSC＊（1-ERP）的系数均显著为负，且 FSSC＊ERP 的系数显著大于 FSSC＊（1-ERP）的系数，表明当企业实施 ERP 时，更有利于推行财务共享，且在 ERP 的基础上实施财务共享对会计信息质量的提升作用显著高于在无 ERP 基础上实施财务共享的企业。表5.8第（2）列显示了在企业进行数字化转型的高级阶段，是否进行业务数字化转型对财务共享与会计信息质量两者关系的影响。其中，FSSC＊Dig 和 FSSC＊（1-Dig）的系数均显著为负，且 FSSC＊Dig 的系数显著大于 FSSC＊（1-Dig）的系数，这表明当企业实施业务数字化转型时，更有利于推行财务共享，且在业务数字化转型的基础上实施财务共享对会计信息质量的提升作用显著高于在无业务数字化转型基础上实施财务共享的企业。以上

回归结果表明，当集团的信息化程度高时，一方面，集团运用财务系统进行管控的能力更强，更有可能实现全集团内的财务管控，来降低管理层进行盈余操纵、违规操作或者财务舞弊的可能性；另一方面，业务和财务融合程度更高，更有利于降低财务和业务之间的信息不对称，进而提升会计信息质量。H5-7得到验证。

表 5.8　集团的信息化程度

变量	ERP	业务数字化
	(1)	(2)
	DA	DA
FSSC * Digital	-0.012***	-0.008***
	(-4.18)	(-3.96)
FSSC * (1-Digital)	-0.005**	-0.005*
	(-2.39)	(-1.80)
Size	-0.002***	-0.002***
	(-2.70)	(-2.70)
Lev	0.032***	0.031***
	(5.84)	(5.82)
SOE	-0.007***	-0.007***
	(-4.72)	(-4.68)
Growth	0.054***	0.054***
	(7.00)	(7.00)
ROA	-0.129***	-0.129***
	(-6.45)	(-6.47)
Loss	0.025***	0.025***
	(10.11)	(10.10)
Top1	0.000	0.000
	(0.06)	(0.07)
Board	-0.020***	-0.020***
	(-3.51)	(-3.51)
Ind	-0.029**	-0.029**
	(-2.18)	(-2.16)
Dual	-0.001	-0.001
	(-0.77)	(-0.77)

续表

变量	ERP	业务数字化
	（1）	（2）
	DA	DA
Opinion	−0.019***	−0.019***
	（−4.97）	（−4.97）
_cons	0.163***	0.163***
	（9.86）	（9.85）
N	29484	29484
R^2	0.070	0.070
adj. R^2	0.069	0.069
F	62.763	62.618

第四节　本章小结

　　本章以上市公司作为集团整体，从集团管控视角考察财务共享对会计信息质量的影响。本章分别从集团管控动机和管控能力两个角度对财务共享与会计质量的关系进行异质性分析。集团管控动机主要包括子公司规模和重要性、子公司生命周期、子公司经营战略三个维度，管控能力包括集团多元化程度、集团类型、信息化程度以及内部资本市场配置效率。

　　本章研究发现，从管控动机来看，子公司的规模越大，重要性越强，母公司对其的依赖程度越深，越倾向于加强对其的管控；相比于成熟期和衰退期，当子公司处于成长期，由于主要精力集中于产品制造和生产，且往往没有正式稳定的组织结构，母公司对其的管控动机也较强；相比于差异化战略，当子公司采用成本领先战略时，越需要母公司加强对其的管控以降低成本、提升生产效率。基于集团管控动机视角的研究发现，相比于子公司规模小、重要性低、子公司生命周期处于成熟期和衰退期的企业，当子公司的规模大、重要性强、子公司处于成长期以及经营战略为成本领先战略时，集团的管控动机更强，财务共享提升会计信息质量的效果更明显。

从管控能力来看，当集团的多元化程度低、集团类型为产业型集团时，其业务更适用于采用财务共享，更有利于对业务流程进行集中和规模化处理，降低信息不对称、提升效率的作用更明显。特别是当内部资本市场配置效率较高时，更有利于优质的财务资源在集团总部与各业务中心之间高效流转和规范利用，从而在增强集团对内部资本市场管控能力的同时，发挥财务的决策支持与战略资源配置功能。而当集团的信息化程度更高时，更有利于加深业务和财务的融合程度，加速业财一体化进程，更有利于降低母子公司之间以及财务和业务之间的信息不对称。基于集团管控能力的研究发现，相比于集团多元化程度高、集团类型为资本型和混合型、集团内部资本市场配置效率低、集团的信息化程度低时，当集团多元化程度低、集团类型为产业型、集团内部资本市场配置效率高、集团的信息化程度高时，集团的管控能力更强，财务共享提升会计信息质量的效果更明显。

本章的研究结论表明财务共享的建设需同集团管控程度和深度相匹配，集团在构建财务共享服务中心时，需要结合自身的管控目标和实际需要，选择适合自身发展的财务共享模式，以最小的成本达到降本增效、提升会计信息质量的目的。

第六章　财务共享对会计信息质量影响的异质性研究

人员、组织、管理、外部环境等是影响财务共享服务核心价值提升的重要因素（Janssen 和 Joha，2008；何瑛和周仿，2013；Yang 等，2015；Richter 和 Brühl，2017）。财务共享服务的关键因素也可分为内部条件和外部因素，其中，内部条件包括系统、人事、组织、战略、服务等（Ramirez，2007）；外部因素可划分为市场、政策、技术、竞争等（Yang 等，2021）。

企业高管拥有企业经营管理的决策权和控制权，对运营和战略决策有着重要的影响，是最重要的人力资源，也是影响企业发展的核心因素（Cyert 和 March，1963）。财务共享作为集团财务管理的战略性平台，其协同和管控效用的发挥离不开高管的作用。高管作为财务共享的实施主体，其自身特征不仅影响着财务共享系统的使用效果，也是影响会计信息质量的关键因素。

外部环境因素对企业行为有着重要影响，在投资者保护以及企业投资决策过程中发挥着重要作用（罗炜和饶品贵，2010；牟涛等，2012），影响企业的会计信息披露行为和会计信息披露的效果（Acemoglu 等，2001），也是影响财务共享的重要外部因素，主要包括经营环境、制度政策、市场竞争以及技术条件等。因此，外部环境不仅制约着财务共享的实施环境，也是影响会计信息质量的关键外部因素。

基于以上分析，本书进一步立足财务共享的不同实施主体和实施环境，从内外部视角，探究不同高管特征和外部环境下财务共享对信息质量的影响。

第一节　研究假设

一、不同高管特征下财务共享对会计信息质量影响的研究

企业高管拥有企业经营管理的决策权和控制权，是最重要的人力资源，是影响企业发展的核心因素（Cyert 和 March，1963），也是财务共享的重要实施主体。财务共享作为集团财务管理的战略性平台，其协同和管控效用的发挥离不开高管的作用。财务共享涉及系统、人事、流程、组织、外部环境等因素，还面临组织结构、人员转型、系统优化以及组织文化等方面的阻力（Richter 和 Brühl，2017），需要高管寻求各种方法来消除或减少个人、群体和组织层面所带来的障碍（Yang 等，2021）。对于高管而言，首先，需要为财务共享提供业务支持，建立监管及强化标准，提供财务共享所需要的方案和工具，组建财务共享团队，促使共享服务在组织内顺利推行；其次，还要对财务共享实施持续的监督和控制，确保财务共享按照原计划实现预定目标；最后，还要根据企业做出的新战略规划，对财务共享进行调整和优化，使财务共享的建设和发展能够符合企业的战略方向。因此，高管特征对财务共享系统的使用至关重要。

根据高阶理论，公司高管的个人特征，如性别（何威风和刘启亮，2010）、年龄（Prendergast 和 Stole，1996）、学习和工作经历（何平林等，2019）等会影响其认知模式，如价值观、认知水平和风险偏好等，通过影响其行为决策最终作

用于企业的战略选择和绩效表现（Hambrick 和 Mason，1984）。企业行为是高管特征的外在反映，基于外部环境的复杂性和人的有限理性，高管通常依据其认知结构和价值观念进行决策（淦未宇和刘曼，2022）。作为企业财务共享的主要实施主体，高管的个人特征必然会对财务共享实施效果产生一定的影响，进而作用于会计信息质量。基于此，本书分别从高管年龄、高管性别、高管财务背景及高管海外背景等方面来探讨不同高管特征下财务共享对会计信息质量的影响。

（一）高管年龄

高管的年龄与其记忆力、判断力、反应速度等密切相关。虽然年长的高管经验更丰富、对事物的判断能力会更加理智和客观，但思想往往比较僵化，希望公司能够维持稳定的利润，对风险和变革持抵触心理，对外界变化的反应速度较慢，应变能力也较差，使得企业的组织结构和战略往往慢于市场的变化；而年轻高管虽然工作经验与年长高管相比较为欠缺，但思维开阔、新观点和想法层出不穷，充满冒险和创新的积极性，并有将想法付诸行动的热情，更善于发现市场的细微变化并能迅速应对（路博，2022）。

一方面，高管年龄代表管理者的经验和风险倾向，从而影响其行为选择（柳光强和孔高文，2018；Serfling，2014）。高管年龄与公司财务重述以及公司违规行为都呈现出显著的负相关关系（鱼乃夫和杨乐，2019）。年龄较大的高管通常更为保守（Vroom 等，1971），在决策上往往倾向于遵循行业标准或历史经验，以从主观上减少会计错误的发生（何威风和刘启亮，2010）。另一方面，年轻的高管对风险的偏好更强（Child，1974），他们的商业决策往往伴随着更高的债务水平和更多的研发投资（Serfling，2014）、更多的投机行为和更积极的信息披露决策（何威风和刘启亮，2010），将会显著加剧未来企业的股价崩盘风险（李文贵和严涵，2020）。

从代理的角度来看，年轻高管的风险偏好可能源于他们对个人利益的追求

（Yim，2013）。与年龄较大的高管相比，年轻高管的职业生涯较长，对个人福利的需求旺盛，在目前的决策过程中会急于追求提高个人利益，如薪酬、社会资本等，以使自己在未来较长时间内享受更高的个人福利，甚至会培育其他不断扩大的收入途径，从而实现个人在整个职业生涯中的收益最大化（Yim，2013）。此时，年轻高管的个人风险偏好容易被代理冲突扭曲，做出一些不会显著增加企业价值的行为。随着年龄的增长，高管的风险规避倾向也随之增加，公司风险承担行为也在减少（李红权和曹佩文，2020）。出于对社会名望和已取得成就的维持（熊正德和李璨，2015），年长高管的风险倾向和偏好相对较低，更关注公司的长远发展，决策也更为保守（Herrmann 和 Datta，2006），会尽量避免激进性的冒险行为（Wiersema 和 Bantel，1992）。

从信号理论来看，股东与高管之间存在信息不对称，高管的行为无法被股东全面知晓。而年轻高管更易受股东对其管理能力评价的隐性激励，会选择较高风险投资项目作为展示个人能力的积极信号，倾向于承担更多的风险。而对于年长高管而言，由于功成名就，社会声誉已经形成，不再需要向股东释放积极信号以证明自身的能力（李红权和曹佩文，2020），进行风险承担的意愿也随之降低。

从已有研究来看，高管的年龄与体力、精力、学习和创新能力以及适应能力负相关（Soubelet，2011）。年长高管虽然阅历更丰富、处事更周全、在资源的利用和协调方面更占优势，但随着年龄的增长，认知能力和反应能力逐渐下降，难以对市场做出迅速反应；而年轻高管则精力充沛、反应敏捷，更富有创新意识和精神，更善于捕捉和把握市场上稍纵即逝的机会，由于经历的挫折较少，决策的理念更为大胆和超前，对于决策时效性的要求高于规范性，决策风险相对较大（Hambrick 和 Mason，1984；Wiersema 和 Bantel，1992）。

综上，相比年长高管，年轻高管受其经验的限制以及风险偏好的影响，可能对会计信息质量产生一定的不利影响。但年轻高管的创新意识、学习能力和适应能力更强，也更注重技术创新的应用。在财务共享系统的运用中，年轻高管更容易顺应时代潮流，搭乘数字技术的列车（李秀萍等，2022），会更加充分利用财务共享系统的各种功能，使财务共享系统的数据收集、处理、分析、预测等功能发挥到极致，有助于加速业务和财务一体化进程，以适应迅速变化、竞争愈加激烈的市场环境，进而有助于促进财务共享对会计信息质量的改善作用。同时，财务共享系统具有知识集中和人才集中的效应（张庆龙等，2016），共享中心所积累的丰富知识资源和所提供的专业服务能够弥补年轻高管经验和阅历的不足，降低其风险倾向，做出更加精准和高效的经营决策，进一步促进会计信息质量的提升。此外，财务共享中心作为集团的统一管控平台，能够对各分/子公司进行集中、统一的管理和监控，并进行标准化和集中统一的会计处理，压缩了年轻高管的自利空间，有利于缓解股东与高管之间的信息不对称，降低股东和年轻高管之间的代理冲突，抑制年轻高管的投机行为，使其在决策时更为谨慎，减少激进的信息披露决策，进一步促进会计信息质量的改善。

基于以上分析，本书提出以下假设：

H6-1：与年长高管占比高的企业相比，年轻高管占比高的企业实施财务共享提升会计信息质量的作用更明显。

（二）高管性别

根据高阶理论，性别差异会导致高管团队的决策理念、风险意识以及行事风格存在差异。女性高管在参与公司决策、发挥监管作用方面显著异于男性，女性领导的公司大股东与中小股东之间的利益冲突相对较低，公司治理机制往往更完善（罗栋梁等，2018），财务信息披露质量更高（窦超等，2022）。女性领导的公司更倾向于进行自愿信息披露（万鹏和曲晓辉，2012），财务信息透明度更高（Gul 等，2011；Ho 等，2015），财务舞弊的风险也更低（周泽将等，2016），诉讼风险更低（徐宗宇和杨媛媛，2020），与评估重大错报风险负相关（Gull 等，2021）。

在决策和投资方面，女性的风险规避意识往往促使其决策风格更为稳健。女性的风险规避偏好有利于降低过度投资水平（祝继高等，2012；孙亮和周琳，2016）和研发投资风险（Chen 等，2016），较少进行跨国并购（Bazel-Shoham 等，2020）和高溢价并购（Levi 等，2014），降低股价崩盘风险（李小荣和刘行，2012）和股价同步性（Gul 等，2011），能改善小额信贷状况（Gudjonsson 等，2020），较少采用激进避税政策（Lanis 等，2017；曾爱民等，2019），因此女性高管领导的企业存活率更高（Faccio 等，2016），不当行为的发生频率和程度更低（Deng 等，2020）。女性高管与企业行为主要表现在以下三个方面：

第一，风险厌恶与企业行为。一方面，出于维护声誉和规避法律责任考虑，女性高管相对更厌恶风险和谨慎小心（Levi 等，2014；孙亮和周琳，2016），她们经营稳健并且具备较强的危机管理水平（Khan 和 Vieito，2013）。另一方面，女性在就业市场和职业晋升中面临许多不利因素。与男性相比，女性晋升的标准和门槛更高，但晋升到高职位的概率却更低，这就是"玻璃天花板"效应（Glass 和 Cook，2016）。虽然女性在企业面临危机时更容易获取较高的职位，但一旦企业绩效持续下降，更容易被男性高管所替代，即"玻璃悬崖"效应（Ryan 等，2016）。"玻璃天花板"效应和"玻璃悬崖"效应的同时存在使得女性面临更大的就业劣势和更高的失业风险，因此，女性高管比男性高管更加厌恶风险，女性高管天生的风险厌恶特征将抑制公司选择激进型的高风险战略。

第二，不过度自信与企业行为。女性高管通常不过于自信（Cumming 等，2015），所以她们尽可能地谨慎和稳健以降低决策的风险。女性高管会通过影响上市公司的风险承担行为进而影响企业的内部融资偏好以及投资现金流的敏感性（李世刚，2013）。女性高管在决策时通常表现得不够自信，如不敢过度投资（孙亮和周琳，2016）、并购的溢价相对较低（Levi 等，2014）。不过度自信使女性高管相对严谨、细致，进一步降低了日常经营管理中的错误发生率，使公司运营更加稳健，公司诉讼风险更低（罗栋梁等，2018）。

第三，沟通技巧与企业行为。女性高管善于营造沟通、合作和信任的氛围，这有助于提高组织协作效率和透明度（Bundy 和 Pfarrer，2015）。与男性相比，女性高管更善于情绪控制（Bostjancic，2010）。此外，女性高管具有高度的合作意识、社交和情感技能以及个人吸引力（Groves，2005），并且擅长社交互动（Groves，2005）。相对于男性高管的权威和专制，女性高管的人际导向和民主互动风格更有利于促进团队之间的交流与合作（Bostjancic，2010），有助于培养员工的信任感，激发员工的工作热情和积极性，鼓舞员工的整体士气（Bundy 和 Pfarrer，2015）。

第三，道德水平与企业行为。女性更高的利他倾向使女性实际控制人比男性实际控制人对中小股东利益的侵害更小（马云飙等，2018）。与男性高管相比，女性高管的道德水平和责任感更强（Manner，2010），更注重道德和社会责任（Franke 等，1997），更富有同情心（Eagly 等，2004）。高管团队中女性的比例较高，会提升团队整体的道德水平和社会责任感，对企业信息披露的积极影响也越大（Manner，2010），企业经营通常更稳健，更容易减少不道德行为和非法活动，遏制财务造假行为。

基于女性高管的以上特征，在财务共享系统的运用中，相对于男性高管，首先，女性领导的公司通常经营更稳健、公司治理水平相对更高，且女性的利他倾向使其更少侵占中小股东的利益，利用财务共享系统进行集中管控的效果也更佳，有利于降低财务舞弊风险，提升财务信息透明度和信息质量。其次，女性高管沟通能力相对更强。虽然财务共享服务中心的运用能够提升财务核算、报表编制等工作效率，但无法完全替代人工，在各子公司之间、企业内部与外部之间还存在许多需要上传下达进行人际沟通的会计事项。与男性高管相比，女性高管更善于人际沟通与交流，注重合作，个人号召力更强，更善于处理此类事项，这些优点将有助于改善基于此类会计事项所输出的会计信息的质量。最后，女性高管相对男性高管而言，道德水平和责任心更强。由于纷繁复杂、非程序化的交易事项处理要耗费更多的时间和精力，甚至可能需要横跨相关月度，因此通常需要高管付出更多时间、耐心来精进业务，而女性高管比男性高管更严谨和细致、更具有耐心，更容易减少日常经营管理和信息处理中的错误发生率，进一步促进会计信息质量的提升。

基于以上分析，本书提出以下假设：

H6-2：与男性高管占比高的企业相比，女性高管占比高的企业实施财务共享提升会计信息质量的作用更明显。

（三）高管财务背景

根据高层梯队理论，高层管理团队的背景特征会影响管理者的战略选择和企业行为（Hambrick 等，1984），进一步传递至会计信息系统的建设和管理中，并最终影响会计信息的质量。管理者的行为受其工作经验的影响（Jensen 和 Zajac，2004），在某一领域的长期工作经验会使高管积累丰富的专业知识，更有效地解读该领域的特有信息，进而做出合理的决策（Hitt 和 Tyler，1991）。

有财务背景的高管通常在过往的工作经历中逐渐建立了对会计信息较高的需求。已有研究表明，拥有财务专长的高管与会计信息质量正相关，其丰富的财务专业知识有助于降低会计差错的概率和频率（王霞等，2011），抑制公司财务违规发生的次数和严重性（俞雪莲和傅元略，2017）。高管的财务能力越强，越能准确及时地捕捉和把握会计准则和政策法规的变化，进而有效地规避风险；财务工作经验越丰富，越不容易发生财务重述且财务违规的概率和程度越低（张川等，2020），会计信息质量越高（何凡等，2015）。

高管的长期财务经验将影响他们的认知水平和价值评估，使他们对财务领域的信息更加敏感，并做出专业解释，从而影响公司的财务决策（姜付秀等，2012；姜付秀和黄继承，2013）。首先，财务教育和专业经验使高管更加注重公司治理，他们有更强的动机解决内部控制中存在的问题，以提升公司治理水平（张天宇和邓亚生，2022），并降低公司的盈余管理水平（何凡等，2015），有效调整公司的资本结构，降低偏离目标的程度（Graham 等，2013）。其次，高管的财务经验使他们对财务信息和资本市场运作有更深的理解（Graham 等，2013；姜付秀等，2012），更善于了解投资者和分析师的需求，并能熟练掌握信息披露的规模、时点和要点，从而更有效地披露信息（Custódio 和 Metzger，2014）。再次，具有财务经验的高管在其职业生涯中接受了大量的财务知识训练，对财务理论有着更高的理解和应用能力，表现出较高的专业素养。在处理财务问题时，对资本市场环境和税收政策的变化会更加敏感（Custódio 和 Metzger，2014），对公司的财务政策的理解也更为深刻（Graham 等，2013；姜付秀等，2012；毛新述等，2013），能够深入分析财务数据背后的经济意义，有助于提升信息披露的完整性及信息解读的专业性、可信性和可理解性（毛新述等，2013）。最后，有财务背景的高管也是谨慎和保守的，他们的企业经营战略更加保守，收益波动范围更加稳定，利润预测更加准确，因而信息披露质量相对较高。

基于财务背景高管的以上特征，在财务共享服务系统的运用中，相比没有财务背景的高管，首先，拥有财务背景的高管对财务共享系统有较高的理解能力和应用能力，更加熟悉企业财务状况，对公司的财务政策有更深刻的理解，对市场环境以及国家会计政策等的变化也更加敏感，不仅能有效发挥财务专业的优势，充分解读共享中心所集中的信息，做出合理的决策，还能及时准确地捕捉和应对政策变化，进而有效地规避财务风险，这将有助于提升会计信息的可靠性、有用性和相关性。其次，拥有财务背景的高管对高质量的信息需求更为强烈，且其谨慎和保守的性格特点使其更不倾向利用财务共享系统进行财务违规、财务舞弊、盈余操纵等，信息的可靠性和稳健性更高。再次，拥有财务背景的高管与外界利益相关者有更强的沟通能力，不仅能够利用财务共享中心准确地把握投资者、分析师等外部利益相关者等的信息需求，还能利用财务共享中心对信息进行完整、准确、专业的解读，进而有利于提升会计信息质量。

基于以上分析，本书提出以下假设：

H6-3：与财务背景高管占比低的企业相比，财务背景高管占比高的企业实施财务共享提升会计信息质量的作用更明显。

（四）高管海外背景

基于高阶理论，高管的价值观、思维方式、知识和文化对于组织的决策至关重要，影响着企业的投入和产出（Hambrick 等，1984）。海外经历实际也是高管不断适应和吸收国外文化的过程，与本土高管相比，海外背景高管在思维和行为方式、认知模式、价值观上与本土高管存在明显不同。区别于本土高管在集体主义文化下的保守、权力等级等倾向，海外背景的高管表现出更多个体创造性思维方式、创新力、开放与低权力距离认知等特征（罗思平和于永达，2012）。

研究发现，具有海外背景的董事有更低的集体主义倾向、更强的创新精神、更强的投资者保护意识和更强的社会责任观念等特点，会引起更低的避税激进度（Wen 等，2020）、更高的公司内部薪酬差距（郭淑娟等，2019）、更低的盈余管理水平（何平林等，2019）和股价崩盘风险（王德宏等，2018）、更高的创新水平（刘振和黄丹华，2021）以及更高的社会责任履行程度（文雯和宋建波，2017）等经济后果。具体而言，高管的海外背景对其企业行为的影响主要体现在以下方面：

其一，有海外背景的高管学习到了国外先进的知识（罗思平和于永达，2012），有良好的公司治理意识，能够将海外健全的公司治理机制"嫁接"到目前所在的企业，督促企业建立良好的管理制度并严格遵循（贺亚楠等，2019），这将有助于更有效地执行董事会的监督职能，促进公司治理水平的提升（杜勇等，2018），降低应计盈余管理水平（贺亚楠等，2019），提升上市公司信息披露质量（何平林等，2019）。

其二，具有海外背景的高管与本地关系的联系较弱，并不倾向于将公司有限的资源花费在与当地政府建立政治联系、寻找政策保护上，而是专注于通过研发创新提升公司的核心竞争力，避开其他目标的干扰，致力于提高公司信息质量（Giannetti 等，2015）。

其三，有海外背景的高管拥有复杂的国际化社会网络（罗思平和于永达，2012），方便与世界各地的供应商、销售商、消费者以及生产企业等建立紧密的沟通与联系，帮助企业拓宽业务网络（代昀昊和孔东民，2017），通过业务知识和人脉等资源支持公司海外活动（韩婕珺等，2020）。

其四，具有海外背景的高管更具国际性视野，宏观把握能力较强（代昀昊和孔东民，2017），更容易打破思维定式和认知盲点，接受新事物并形成新思想，率先带领和号召企业采用更加先进的生产技术、更优秀的管理手段，来提升企业的创新水平和生产效率（罗思平和于永达，2012）。此外，具有海外背景的高管往往掌握了前沿的科学文化知识和先进的管理经验，存在国际知识溢出效应，知识和资源的获取、吸收和转化能力更强，有助于提高公司的投资效率（代昀昊和孔东民，2017）和创新绩效（刘凤朝等，2017）。

基于有海外背景的高管的以上特征，在财务共享系统的应用中，与本土高管相比，首先，具有海外背景的高管能够利用其宽广的社会网络（刘振和黄丹华，2021），有效地开展海外业务，通过财务共享服务中心对海外子公司进行有效的管理，有利于降低总部与子公司之间以及财务和业务之间的信息不对称，进而有助于改善会计信息质量。其次，具有海外背景的高管拥有更先进的公司治理理念、更强的投资者保护意识和更强的社会责任观念，能更有效利用财务共享系统执行监督职能，改善公司治理水平，降低应计盈余管理水平。最后，具有海外背景的高管更不易受政治关系干扰，有利于充分发挥财务共享中心的信息服务和决策支持等功能，更专注地为公司创造利润，降低盈余管理水平。

基于以上分析，本书提出以下假设：

H6-4：与海外背景高管占比低的企业相比，海外背景高管占比高的企业实施财务共享提升会计信息质量的作用更明显。

二、不同外部环境下财务共享对会计信息质量影响的研究

制度环境是一套用于建立生产、交换和分配基础的基本政治、社会和法律法

则，包括政府和市场、法律来源属性、产权保护和信息技术发展（Ball 等，2000；La Porta 等，2002），构成人类政治和经济交易的激励机制，并导致不同的市场交易成本（North 和 Thomas，1973）。制度环境构建了企业运营中面临的外部环境，对企业行为有重要影响，在企业投资者保护和投资决策过程中起着重要作用（罗炜和饶品贵，2010；牟涛等，2012），影响企业的会计信息披露行为和效果（Acemoglu 等，2001）。

政治环境、法律环境、经济环境和技术环境是企业运行所面临的外部环境，是除公司治理契约或公司治理结构外影响财务主体财务机制运行的重要外部条件和因素，也是实施财务共享的关键因素。基于此，本书分别从经营环境不确定性、市场化程度、产品市场竞争、地区数字化程度四个维度提出研究假设，来考察不同外部环境下财务共享对会计信息质量的影响。

（一）经营环境不确定性

环境是企业经营的土壤，环境的不确定性是客户、供应商、竞争对手、监管部门等市场主体交易行为以及市场交易环境变化的不可预测导致企业面临的不确定性风险（Drago，1988），这种不可预测性体现在市场需求、政策、技术、供应商等环境因素的变化上，将会对企业价值产生难以估量的影响（Duncan，1972）。企业是环境的产物，环境因素的变化也会影响企业的微观决策行为。

已有关于环境不确定性的文献主要围绕企业盈余管理、审计意见、投资行为、会计信息、股价暴跌风险、公司特质风险、内部控制质量、权益资本成本等主题展开（申慧慧，2010；申慧慧等，2012；廖义刚，2015；周晓苏等，2016；潘临等，2017）。

外部环境是企业生存和发展的基础，也是企业制定经营战略时必须考虑的因素。外部环境的好坏往往会影响企业的经营活动、战略目标的实现以及会计行为。本书认为，环境不确定性至少从以下三个方面影响企业会计信息的质量。

第一，在环境不确定性下，管理层的盈余管理行为更为严重。当企业面临的环境不确定性较大时，企业的经营决策就更加困难，基于外部环境信息做出的预测和决策也更加不准确，导致公司收益的波动，进一步增加了企业的经营和财务风险（Govindarajan，1984；申慧慧，2010）。当企业没有实现经营目标时，管理者将会面临得不到激励报酬以及被解雇的风险，为了维护自身社会声誉和地位，最大化自己的薪酬（Riahi-Belkaoui，2003；申慧慧等，2012），维持公司正常的再融资资格以及避免退市（申慧慧，2010；潘临等，2017），降低公司未来股价暴跌的风险（周晓苏等，2016）、公司破产的可能性以及借款成本（Trueman 和 Titman，1988），管理者有更大的动机进行激进的盈余管理，以降低不确定性所带来的负面影响。因而环境不确定性越大，公司的盈余管理程度越高（申慧慧，2010）。

第二，环境的不确定性增加了管理层盈余操纵的机会和空间。高度的环境不确定性使外部投资者难以观察到管理者具体的经营管理活动，双方的信息不对称加大。管理层有更多的机会隐匿其不道德的行为和经营不善的现状，使外部投资者更难对管理层的业绩以及公司的价值进行评估（廖义刚，2015），这增加了外部投资者对管理层的监督成本，提高了管理层盈余操纵的空间，使管理层更易隐藏"坏消息"（周晓苏等，2016；潘临等，2017），例如，提前确认未来年度收益、延迟确认损失，这些行为提高了盈余管理的程度，降低了财务报告的透明度。

第三，环境不确定性增加企业战略制定和实施的难度。环境是企业生存的条件，它会影响企业的战略制定和经营决策。客户、供应商、竞争对手和监管实体行为的不可预测性将导致经营环境的不确定性增加（Govindarajan，1984），继而增加了企业各种战略失败的风险，使企业很难计算与各种战略选择方案有关的成本和概率（Gul 和 Chia，1994）。当环境不确定性加大时，一方面，管理层的环境要素感知能力下降，很难准确判断公司当前及未来的状态（Francis 等，2016），无法做出正确的决策行为（Pondeville 等，2013），导致公司的经营现金流波动性增加（王文清等，2018），股价和收益率也将受到影响（申慧慧等，2012），这将不利于战略目标的实现，直接威胁股东利益和管理层自身利益。为了减轻环境不确定性对公司的不利影响，管理层有更多的倾向和压力进行盈余管理活动。另一方面，不确定性意味着企业对环境因素的控制能力降低（Yu等，2016），企业必须具备更新、重构和重建资源的"动态能力"，并不断调整经营策略以获得生存空间（Teece等，1997）。不确定的经营环境是信息不对称的重要驱动力，可能会刺激管理层的盈余管理行为等过程，进而导致公司信息质量的恶化。

当环境不确定性增加时，实施财务共享更能体现其应对不确定性的优势。一方面，财务共享能够促使财务深入到业务一线，与业务单位紧密合作，有效打通业务与财务的壁垒，解决信息不对称和信息孤岛的问题，为管理层的决策分析提供真实、可靠的高质量数据，降低环境不确定时企业战略制定和实施的难度，提升公司盈余的稳定性，降低管理层进行盈余操纵的动机。另一方面，财务共享能够强化集团内部的集中管控，降低环境不确定时企业的运行风险，提高运营能力。财务共享还能够实现业务和账簿的公开透明、业务审核的互斥和随机，实现从传统会计的事后监督、间断式管理转向全过程监控，这压缩了环境不确定时管理层自利的空间，有助于降低管理层盈余操纵动机，促进会计信息质量的提升。

基于以上分析，本书提出以下假设：

H6-5：相比环境不确定性低时，当环境不确定性高时，企业实施财务共享提升会计信息质量的作用更明显。

（二）市场化程度

以往的研究表明，一个国家或地区强大的法律制度和良好的法治环境有助于减少和约束上市公司对收益的人为操纵，提升会计信息质量（Fung等，2013；何平林等，2019）。市场化水平通常主要体现在政府干预程度以及法制水平、经济发展、生产效率、资源要素的配置等方面。由于地区间政策、资源禀赋、地理位置不同，各地区市场化水平也呈现出较大差异（孙铮等，2005）。

通常情况下，在市场化程度高的地区，法律和交易规则更完善，司法和行政执法水平高，诉讼和执法效率高，守法和法律保护意识强，政府干预程度低。一旦企业违规披露信息，将面临更高的监管、诉讼风险以及严厉的处罚成本。而在市场化程度低的地区，由于各方面制度不完善，法律制度薄弱，监管机制漏洞，司法程序效率低下，政府对企业的干预程度较高，通常会将多重目标内化到企业中（夏立军和方轶强，2005），导致很难有效保护会计信息使用者的合法权益，降低了违反会计信息披露要求时的处罚成本（方红星等，2017）。

市场化程度越高，市场资源配置效率越高。高的市场化程度可以促进企业和行业之间资源的流动和转移，并能提供更真实有效的价格和供需信息（方军雄，2006），引导潜在竞争对手通过市场机制进入行业，不仅能够促使企业逐步进入高效的发展状态（钱津，2011），还能促使资源得到更加充分的利用，降低市场上不同企业之间以及企业内外部之间的信息不对称，并最终促进企业提供更高质量的会计信息。

此外，在经济相对发达、市场制度环境较好的地区，上市公司自觉履行法律义务的意识也较强（牟涛等，2012），会主动通过各种渠道向市场展示自己公司的品质（罗炜和饶品贵，2010）。同时，较高的市场化程度可以营造公平的市场竞争环境，加大对投资者的保护力度，推动企业实施更加完善和规范的会计准则，促进企业提供更高质量的会计信息（Bushman 和 Piotroski，2006）。

大量文献证明了高度市场化对会计信息质量的积极作用。牟涛等（2012）发现，在市场化程度较高的地区，上市公司年报披露时间往往较早。姜英兵和严婷（2012）发现，区域市场化水平越高，法律保护越好，政府干预越少，该区域上市公司会计信息质量越高。Bushman 等（2004）研究表明，政府的治理水平越高，市场竞争环境会更加公平和完善，市场配置效率也会提升，这将有助于提升企业提供高质量的会计信息的倾向。陈德萍和杨洁（2013）指出，市场化程度在一定程度上反映了投资者的保护程度。市场化程度越高，投资者保护水平越高，投资者保护机制越有效，盈余管理越少（Burgstahler 等，2006）。

La Porta 等（2002）的研究也表明，强有力的投资者保护及其有效实施削弱了经理人操纵收益的能力，增加了对更高信息透明度的需求。

与市场化程度低的地区相比，在市场化程度较高的地区，法治化水平、要素市场发育水平往往也较高。一方面，上市公司自身履行法律义务和投资者保护意识也较强，会主动依据市场经济规则运行，且更倾向于通过财务共享披露高质量的会计信息。另一方面，市场化进程的高度发展会促使财务共享服务充分发挥财务的决策支持与战略资源配置功能，使优质的财务资源在集团总部与各业务中心之间得到高效配置，从而在增强集团管控能力的同时，使企业将有限的资源用于增加企业核心价值以及培育与发展企业核心竞争力的活动。将企业的资源集中到高价值领域，以优化的资源配置为企业带来高效、高价值的管理结果输出，将有助于促进会计信息质量的改善。

基于以上分析，本书提出以下假设：

H6-6：与市场化程度低的地区相比，在市场化程度高的地区，企业实施财务共享提升会计信息质量的作用更明显。

（三）产品市场竞争

产品市场竞争的双重作用机制——信息机制和约束机制，为解释财务报告编制过程中产品竞争对管理者盈余管理动机和行为的影响提供了理论依据。

从信息机制来看，产品市场竞争对盈余管理的影响是不确定的。一种观点认为，产品市场竞争会降低信息不对称程度。市场竞争促使外界对管理者的努力程度的评价变得更加客观，有助于管理者选择有利于股东利益的行为（Nalebuff 和 Stiglitz，1983），并提供更高信息含量的财务报告，从而降低盈余管理程度（Marciukaityte 和 Park，2009）。现有文献还列出了市场竞争带来的其他优势，例如股票价格包含更大的信息含量（Peress，2010）和更高的股票流动性（Kale 和

Loon，2011），这意味着市场竞争力强的公司的收益具有更高的稳定性，从而减少了收益操纵的动机。另一种观点认为，主动盈余管理是对激烈竞争环境的一种回应，目的是限制信息外流，避免竞争对手的掠夺性威胁。通过盈余管理，企业可以减少盈余中的信息含量，从而限制信息向公众的流动。因为通过限制信息的流出，公司可以免受竞争。Verrecchia（1983）研究发现，在竞争激烈的行业中，企业也有更强的动机掩盖其真实经营情况，以保持竞争对手之间较高的信息透明度，减少信息披露带来的竞争对手威胁等不利影响。

产品市场的约束机制是指市场竞争增加了公司亏损和破产的可能性，迫使管理者更加努力地提高运营效率，避免因业绩不佳而遭受赔偿损失或解雇等惩罚（Schmidt，1997）。因此，产品市场竞争提供了一种外部治理机制，以缓解管理者和所有者之间的利益冲突（Hoberg 和 Phillips，2010），这可以取代高成本的监控和激励机制（Giroud 和 Mueller，2011）。竞争越激烈，企业破产清算的风险越大，管理层的更替也更频繁，这增加了管理层偷懒的成本，为了避免被淘汰出局，管理层会更加努力工作，减少无效行为，这将有助于降低代理成本，使其投资决策更为有效。同时，激烈的市场竞争加剧了资本市场上有限资金的竞争，外部会对资金的使用过程进行更多的监督，促进投资效率得到相应的保证（刘晓华和张利红，2016）。王雄元和刘焱（2008）、Balakrishnan 等（2011）的研究也表明市场竞争会抑制管理层的会计失真行为，且竞争程度越强，信息披露质量越高。

基于以上分析，相比竞争不激烈的产品市场，当产品市场竞争激烈时，一方面，高管有更强的动机努力提高运营效率，避免因业绩不佳而遭受赔偿损失或解雇等，提供更高信息含量的财务报告，此时依托财务共享带来的规模效应和知识集中效应，能够更有效支持企业的各项业务拓展，快速适应外部市场的变化，聚焦精力于核心业务以提升其核心竞争力，促使有效的资源在集团内部得到更为充分有效的运用，提升财务管理水平与效率，这也将有助于提升会计信息质量。另一方面，为了限制信息外流，避免竞争对手的掠夺性威胁，高管有减少盈余中的信息含量以限制信息向公众流动的动机，而财务共享的信息集成优势则为集团对子公司的实时监管提供了便利，有助于降低管理层财务违规和舞弊的概率。此外，共享系统的不断升级和发展有助于促进信息在集团内外部之间更为高效地流通，这将有助于减少代理问题，提升信息透明度，进一步促进会计信息质量的改善。

基于以上分析，本书提出以下假设：

H6-7：相比竞争不激烈的产品市场，当产品市场竞争激烈时，企业实施财务共享提升会计信息质量的作用更明显。

（四）地区数字化程度

作为国家数字战略的重要内容之一，数字化转型是以数字经济与实体经济相互融合为载体，来推动企业的高质量发展（Ebert 和 Duarte，2018）。数字化发展重塑了全球竞争格局，进一步拉开发达国家与发展中国家的差距（何宇等，2021），促使中国参与全球价值链分工（吕越等，2020），优化了劳动分工（郑小碧，2017），创造出更多的就业机会（Acemoglu 和 Restrepo，2020），提升了企业的生存能力。

相比数字化程度低的地区，数字化程度高的地区各项数字配套设施更完善、政府和社会公众对数字化的认可和接受度更高，这为企业营造了良好的数字经济环境、数字技术体系和数字经济商业生态体系，为企业的数字化转型提供了优质的外部环境，并形成了对数字化转型制度的支持与补充。企业可以依托地区数字化的先天优势和制度支持，降低自身在数字化转型过程中所遇到的技术问题，解决模式困境和融资难题等，进而降低数字化转型成本和转型失败的风险。

更进一步讲，地区的数字化进程将有助于推进企业的数字化转型，在数字化程度高的地区实施财务共享，将更有助于加快企业业财一体化进程，促进各个子信息系统之间的有效集成和连接，有助于信息的及时快速流动，能够对信息进行更有效的监控，这将有助于降低企业管理层进行信息隐匿、财务违规以及盈余管理的概率，降低信息不对称程度。此外，在数字化程度高的地区实施财务共享，依靠区域数字化的先天优势，借助各种大数据技术，将更有利于快速实现财务共享的信息收集、加工和转化功能，更大限度提升信息利用程度，这也将有助于大幅提升会计信息质量。

基于以上分析，本书提出以下假设：

H6-8：与数字化程度低的地区相比，在数字化程度高的地区，企业实施财务共享提升会计信息质量的作用更明显。

第二节　研究设计

一、样本筛选与数据来源

本书研究了 2009~2020 年沪深 A 股上市公司。将合并报表视为企业集团，对样本进行如下筛选和处理：①剔除金融业公司样本；②剔除被 ST 的样本；③剔除数据存在缺失的样本以及无母公司报表和母公司报表数据不全的样本，最终得到 29484 个公司年度观测值，并对连续变量进行 1% 和 99% 分位的缩尾处理。本书数据主要来源于 CSMAR 和 WIND 数据库。

二、变量定义与模型构建

（一）财务共享

财务共享的数据主要从中国上市公司年报中通过提取"共享服务""财务共享"等关键字段，然后阅读出现关键词前后文以判断是否实施财务共享，并对照历年《中国共享服务领域研究报告》核验，无法判别的公司再通过 WIND 数据库公司公告、百度搜索、国际财务共享服务管理协会网站等渠道收集验证。若上市公司实施了财务共享，取值为 1，否则取 0。

（二）高管特征变量

高管人员的定义。参考文雯和宋建波（2017）、徐高彦等（2020）、刘振和黄丹华（2021）的研究，在本书中，上市公司年报中披露的董事会成员和高级管理人员被定义为上市公司的高级管理人员。本书将高管年龄、性别、工作或学习背景等作为高管的特征变量。高管特征信息主要通过逐份审阅整理公司年度报表，结合 CSMAR 数据库公司治理结构版块提供的公司高管信息来比对确认，与此同时，对上述渠道中未查到的信息，通过查阅企业官方网站、百度百科、新浪财经和巨潮资讯等主要新闻媒体渠道补充印证。

（1）高管年龄。根据李小荣和刘行（2012）、姜付秀和黄继承（2013）、李文贵和严涵（2020）的研究，由于中国上市公司的各项经营决策往往由董事长和 CEO 掌握最终的确定权，董事长和 CEO 的价值判断在极大程度上决定了企业的战略取向，因而以董事长和 CEO 的平均年龄作为高管年龄的计算依据。

（2）女性高管。参考徐高彦等（2020）、徐宗宇和杨媛媛（2020）、窦超等（2022）的研究，以女性高管的占比来衡量女性参与高管团队的程度，其中女性高管比例等于公司女性高管与全部高管人数之比。

（3）财务背景高管。参考姜付秀等（2012）、姜付秀和黄继承（2013）、张天宇和邓雅双（2022）的研究，将财务经历高管界定为曾担任过以下职务的高管：财务负责人、财务（副）总监、首席财务官、（副）总会计师、财务主管、财务处（副）处长、财务科（副）科长、财务部（副）部长、财务部（副）经理。以财务背景高管的占比来衡量财务背景高管参与高管团队的程度，其中财务高管比例等于公司财务高管与全部高管人数之比。

（4）海外背景高管。参考文雯和宋建波（2017）、代昀昊和孔东民（2017）、柳光强和孔高文（2018）、贺亚楠等（2019）的研究，本书将海外背景高管定义为曾在中国大陆境外的国家或地区学习或工作的高管。以海外背景高管的占比来衡量海外背景高管参与高管团队的程度，其中海外高管比例等于公司海外背景高管与全部高管人数之比。

（三）外部环境变量

经营环境不确定性。参考 Ghosh 和 Olsen（2009）、申慧慧等（2012）的研究，用各公司未经行业调整的环境不确定性除以行业环境不确定性，即为公司经行业调整后的环境不确定性。

产品市场竞争。参考邢立全和陈汉文（2013）的研究，用行业内各公司营业收入占行业总营业收入比重的平方和来表示，即赫芬达尔—赫希曼指数。该值越接近0，表示该行业内竞争越激烈。

地区数字化程度。参考潘为华等（2021）的研究，采用熵值法来构建上市公司所在地级市的数字经济发展的综合评价指标体系。

地区市场化程度。采用王小鲁团队所构建的市场化指数。

（四）控制变量

已有研究表明，公司特征如公司规模、资产负债率、企业性质、经营绩效、成长性、股权集中度（Demerjian 等，2013；Habib 和 Jiang，2015；潘红波和韩芳芳，2016）等，内部治理特征如两职合一、董事会规模、独立董事比例、审计意见类型（Francis 等，2008；汪芸倩和王永海，2019）等会显著影响会计信息质量，因此参考前人的研究，选取以下变量作为控制变量：企业规模（Size）、财务杠杆（Lev）、企业性质（SOE）、企业成长性（Growth）、总资产收益率（ROA）、是否亏损（Loss）、股权集中度（Top1）、董事会规模（Board）、独立董事比例（Ind）、两职合一（Dual）、审计意见（Opinion）。

（五）模型构建

为了检验 H6-1～H6-8，本书构建如下计量模型：

$$DA = \beta_0 + \beta_1 FSSC + \beta_2 Size + \beta_3 Lev + \beta_4 Soe + \beta_5 Growth + \beta_6 ROA + \beta_7 Loss + \beta_8 Top1 +$$

$$\beta_9 Board + \beta_{10} Ind + \beta_{11} Dual + \beta_{12} Opinion + \sigma Industry + \sigma Year + \mu \qquad 式（6-1）$$

在模型（6-1）中，为了检验不同高管特征下财务共享对会计信息质量的影响，我们分别将高管年龄、高管性别、财务背景以及海外背景设定为分组变量。当董事长和 CEO 的平均年龄高于当年中位数时，将其划分为年长的高管组；低于当年中位数时，将其划分为年轻的高管组。当女性高管占比高于分行业分年度的中位数时将其划分为女性占比高组，低于中位数时将其划分为男性占比高组。当财务背景高管占比高于分行业分年度的中位数时将其划分为财务背景占比高组，低于中位数时将其划分为财务背景占比低组。当海外背景高管占比高于分行业分年度的中位数时将其划分为海外背景占比高组，低于中位数时将其划分为海外背景占比低组。若 FSSC 的系数在不同的分组样本中存在显著差异，则说明在不同的高管特征下，财务共享对会计信息质量的影响不同。

为了检验不同制度环境下财务共享对会计信息质量的影响，我们分别将环境不确定性、产品市场竞争、市场化程度以及地区数字化程度设为分组变量。以各年度上市公司环境不确定性指数的中位数为边界，如果当年的环境不确定性低于当年的中位数，则分为低环境不确定性组，如果高于当年的中位数，则分为高环境不确定性组；以上市公司所处省份的各年度的市场化指数的中位数为界限，若当年的市场化指数低于全国各省份的中位数则划分为市场化程度低组，高于全国各省份的中位数则划分为市场化程度高组；以上市公司各年度的赫芬达尔—赫希曼指数的中位数为界限，若当年的赫芬达尔—赫希曼指数低于当年中位数则划分为产品市场竞争激烈组，高于当年的中位数则划分为产品市场竞争不激烈组；以上市公司所处省份的各年度的数字化指数的中位数为界限，若当年的数字化指数低于全国各省份的中位数则划分为地区数字化程度低组，高于全国各省份的中位数则划分为地区数字化程度高组。在以上分组中，若 FSSC 的系数在不同的分组样本中存在显著差异，则说明在不同的外部环境下，财务共享对会计信息质量的影响不同。

变量的具体定义如表6.1所示。

表 6.1 主要变量定义

变量名称		变量定义
盈余管理	DA	可操纵性应计项目，用修正的琼斯模型求得，并取绝对值
财务共享	FSSC	财务共享，若企业实施了财务共享则取值为1，否则取值为0
高管年龄	Age	（董事长年龄+总经理年龄）/2
女性高管	Femail	女性高管人数除以所有高管人数
财务背景高管	Oversea	有财务背景的高管人数除以所有高管人数
海外背景高管	CW	有海外经历的高管人数除以所有高管人数
环境不确定性	EU	参考 Ghosh 和 Olsen（2009）、申慧慧等（2012）的计算方法
市场化程度	Mak	参考王小鲁等（2019）的测算方法
产品市场竞争	HHI	参考邢云全和陈汉文（2013）的测算方法
地区数字化程度	DDigital	参考潘为华等（2021）的测算方法

第三节 描述性统计分析与实证结果分析

一、描述性统计分析

主要变量的描述性统计如表 6.2 所示，DA 的平均值为 0.063，中位数为 0.040，最小值为 0，最大值为 8.098，标准差为 0.111，表明上市公司的会计信息质量整体不高，且不同公司之间的会计信息质量差异较大。FSSC 的均值为 0.049，最小值为 0，最大值为 1，表明平均有 4.9% 的上市公司实施了财务共享。Age 的均值为 51.25，表明董事长和 CEO 的平均年龄为 51.25 岁。Femail 的均值为 0.184，表明上市公司女性高管的占比平均为 18.4%。Oversea 的均值为 0.070，表明上市公司海外背景高管的占比平均为 7%。

表 6.2 主要变量的描述性统计

变量	mean	p50	min	max	sd	N
DA	0.063	0.040	0	8.098	0.111	29484
FSSC	0.049	0	0	1	0.216	29484
Age	51.25	51.50	25	81	5.595	29420
Femail	0.184	0.167	0	0.684	0.112	29484
Oversea	0.070	0.053	0	0.769	0.086	29484
EU	0.984	0.675	0	24.630	1.333	29484
Mak	8.313	8.640	−1.420	12	2.024	29484
HHI	0.293	0.250	0	1	0.127	29484
DDigital	0.169	0.142	0	0.684	0.108	29484

EU 的均值为 0.984，中位数为 0.675，最小值为 0，最大值为 24.630，标准差为 1.333，表明不同公司的经营环境不确定性差异较大。Mak 的均值为 8.313，中位数为 8.640，最大值为 12，标准差为 2.024，表明各个地区之间的市场化水平差异较大。HHI 的均值为 0.293，中位数为 0.250，最大值为 1，表明产品市场整体上竞争比较激烈。DDigital 的均值为 0.169，中位数为 0.142，最大值为 0.684，标准差为 0.108，表明各个地区的数字化程度差异不大，且整体数字化程度不高。

主要变量的分组描述性统计如表 6.3 所示，除了 Age、Femail、HHI、ROA 和 LOSS 外，其他变量的均值在 FSSC=0 和 FSSC=1 组均存在显著差异。对于 DA 而言，实施财务共享组的 DA 明显低于未实施财务共享组，表明实施财务共享组公司的盈余质量明显高于未实施财务共享的公司的质量。FSSC=1 组中的 Oversea 和 CW 的均值显著大于 FSSC=0 组的均值，表明实施财务共享组的公司具有海外背景和财务背景的高管占比更高。FSSC=1 组中的 EU、DDigital 和 Mak 的均值显著大于 FSSC＝0 组的均值, 表明实施财务共享组的公司所面临的经营环境的不确定性、地区数字化程度和市场化程度也更高。

表6.3 主要变量的分组描述性统计

变量	FSSC＝0	Mean1	FSSC＝1	Mean2	MeanDiff
DA	28041	0. 064	1443	0. 051	0. 013***
Age	27981	51. 210	1439	51. 208	−0. 002
Femail	28041	0. 184	1443	0. 187	−0. 003
Oversea	28041	0. 068	1443	0. 105	−0. 037***
CW	28041	0. 258	1443	0. 287	−0. 029***
EU	28041	0. 981	1443	1. 061	−0. 080**
Mak	28041	8. 288	1443	8. 796	−0. 509***
HHI	28041	0. 293	1443	0. 295	−0. 002
DDigital	28041	0. 167	1443	0. 209	−0. 041***

二、实证结果分析

(一) 不同高管特征下财务共享对会计信息质量的影响

根据模型 (6-1) 对不同高管特征下财务共享与会计信息质量两者的影响进行检验, 回归结果如表6.4所示。如表6.4第 (1) ~ (2) 列所示, 当年轻高管占比高时, FSSC 的系数显著为负, 这主要是因为一方面年轻高管的创新意识、学习能力和适应性更强, 更善于运用财务共享系统来优化企业的会计信息质量; 另一方面, 财务共享的应用有利于降低股东和年轻高管之间的信息不对称和代理冲突, 因此在年轻高管占比高的企业实施财务共享提升会计信息质量的效果更明显。H6-1 得到验证。

表 6.4 不同高管特征下财务共享对会计信息质量的影响

变量	年龄		性别		海外背景占比		财务背景占比	
	年长高管占比高 (1) DA	年轻高管占比高 (2) DA	女性高管占比高 (3) DA	男性高管占比高 (4) DA	高 (5) DA	低 (6) DA	高 (7) DA	低 (8) DA
FSSC	-0.002	-0.007**	-0.006**	-0.002	-0.005**	-0.004	-0.004*	-0.004
	(-0.76)	(-2.49)	(-1.98)	(-1.01)	(-1.98)	(-1.33)	(-1.72)	(-1.58)
Size	-0.004***	0.001	-0.001	-0.002*	-0.001	-0.002	-0.003***	0.000
	(-4.04)	(0.54)	(-0.62)	(-1.94)	(-0.94)	(-1.35)	(-3.01)	(0.17)
Lev	0.029***	0.012	0.018**	0.024***	0.017***	0.024***	0.023***	0.017*
	(5.00)	(1.50)	(2.26)	(4.02)	(3.06)	(2.75)	(3.96)	(1.87)
Soe	-0.004**	-0.011***	-0.010***	-0.006**	-0.007***	-0.009***	-0.006***	-0.011***
	(-2.43)	(-4.12)	(-4.73)	(-2.54)	(-3.25)	(-4.05)	(-3.19)	(-4.15)
Growth	0.044***	0.058***	0.060***	0.044***	0.044***	0.060***	0.047***	0.060***
	(7.22)	(4.61)	(4.64)	(6.18)	(6.19)	(4.42)	(7.54)	(3.64)
ROA	-0.088***	-0.165***	-0.180***	-0.073***	-0.125***	-0.127***	-0.144***	-0.121***
	(-3.97)	(-5.36)	(-6.47)	(-2.67)	(-5.29)	(-3.88)	(-5.97)	(-3.63)
Loss	0.026***	0.027***	0.025***	0.027***	0.031***	0.022***	0.022***	0.030***
	(10.09)	(6.59)	(6.94)	(8.75)	(10.41)	(5.34)	(7.58)	(8.01)
Top1	-0.002	-0.006	-0.003	-0.003	0.003	-0.012	-0.001	-0.006
	(-0.31)	(-0.61)	(-0.33)	(-0.45)	(0.51)	(-1.41)	(-0.21)	(-0.69)
Board	-0.010***	-0.032***	-0.027**	-0.013***	-0.022***	-0.021*	-0.018***	-0.024**
	(-2.62)	(-2.67)	(-2.51)	(-2.93)	(-4.09)	(-1.84)	(-3.54)	(-2.05)
Ind	-0.015	-0.053**	-0.025	-0.040**	-0.050***	-0.015	-0.028*	-0.036*
	(-1.15)	(-2.01)	(-1.16)	(-2.32)	(-3.00)	(-0.68)	(-1.67)	(-1.66)
Dual	0.001	-0.002	-0.002	0.003	-0.001	0.000	0.002	-0.003
	(0.79)	(-0.54)	(-1.01)	(1.06)	(-0.31)	(0.13)	(0.86)	(-1.01)
Opinion	-0.017***	-0.020***	-0.023***	-0.016***	-0.026***	-0.013**	-0.016***	-0.024***
	(-3.52)	(-3.67)	(-4.33)	(-2.90)	(-4.98)	(-2.40)	(-3.50)	(-3.58)
_cons	0.160***	0.157***	0.154***	0.155***	0.164***	0.149***	0.182***	0.139***
	(8.36)	(4.58)	(5.80)	(7.27)	(7.38)	(5.79)	(8.67)	(5.16)

续表

变量	年龄		性别		海外背景占比		财务背景占比	
	年长高管占比高（1）DA	年轻高管占比高（2）DA	女性高管占比高（3）DA	男性高管占比高（4）DA	高（5）DA	低（6）DA	高（7）DA	低（8）DA
N	15707	13777	15122	14362	15593	13891	15334	14150
R^2	0.104	0.080	0.101	0.072	0.086	0.091	0.112	0.072
adj. R^2	0.102	0.077	0.098	0.069	0.083	0.088	0.110	0.069
F	17.264	14.790	16.260	16.295	20.173	12.151	16.912	13.817

如表 6.4 第（3）~（4）列所示，当女性高管占比高时，FSSC 的系数显著为负，这主要是因为女性更倾向于风险规避，在决策时更为稳健；沟通能力相对更强，更善于处理企业内外部之间、不同子公司之间的各种事项和业务；道德水平和责任心更强，付出更多时间和精力来精进业务；比男性高管更严谨和细致，能够减少日常经营管理和信息处理中的错误发生率，这些优点有助于降低财务舞弊风险和财务出错的概率，促进业务和财务的一体化，利用财务共享系统进行集中管控的效果也更佳。因此，在女性高管占比高的企业实施财务共享提升会计信息质量的效果更明显。H6-2 得到验证。

如表 6.4 第（5）~（6）列所示，当海外背景高管占比高时，FSSC 的系数显著为负，这主要是因为一方面海外背景的高管拥有国际网络资源，更能有效地开展海外业务，有助于降低总部和海外子公司之间、财务和业务之间的信息不对称；另一方面，海外背景的高管拥有更先进的公司治理理念、更强的投资者保护意识和社会责任观念，且不易受政治关系干扰，更能有效利用财务共享系统执行监督职能，改善公司治理水平，充分发挥财务共享中心的信息服务和决策支持等功能，进而促进会计信息质量的改善。因此，在海外背景高管占比高的企业实施财务共享提升会计信息质量的效果更明显。H6-3 得到验证。

如表6.4第（7）~（8）列所示，当财务背景高管占比高时，FSSC 的系数显著为负，这主要是因为一方面，拥有财务背景的高管更能有效发挥财务专业的优势，充分解读共享中心所集中的信息，及时捕捉和应对政策变化，有效地规避财务风险，做出合理的财务决策；另一方面，拥有财务背景的高管对高质量的信息需求更为强烈，更不倾向于利用财务共享系统进行财务违规、财务舞弊、盈余操纵等，且与外界利益相关者的沟通能力更强，能够利用财务共享中心准确地把握投资者、分析师等外部利益相关者的信息需求，并能够对信息进行完整、准确、专业的解读，这将有助于大大改善会计信息质量。因此，在财务背景高管占比高的企业实施财务共享提升会计信息质量的效果更明显。H6-4 得到验证。

（二）不同外部环境下财务共享对会计信息质量的影响

根据模型（6-1）对不同外部环境下财务共享对会计信息质量的影响进行检验，回归结果如表6.5所示。如表6.5第（1）~（2）列所示，当经营环境不确定性时，FSSC 的系数显著为负，这表明当经营环境不确定性更高时，财务共享提升会计信息质量的作用更明显。这主要是因为当环境不确定性增加时，实施财务共享更能充分体现其应对确定性的优势。财务共享不仅能够有效打通业务与财务的壁垒，获取及时、准确、真实、可靠、全面的数据，为管理者的决策分析提供高质量的基础数据，提升公司盈余的稳定性，降低管理层进行盈余操纵的动机；还能强化集团内部管控，降低运行风险，通过全过程的监控，压缩了管理层自利的空间，减少管理层盈余操纵的机会，促进会计信息质量的提升。因此，相比环境不确定性低时，当环境不确定性高时，企业实施财务共享提升会计信息质量的作用更明显。H6-5 得到验证。

如表6.5第（3）~（4）列所示，当地区市场化程度高时，FSSC 的系数显著为负，这表明当地区市场化程度高时，财务共享提升会计信息质量的作用更明显。这主要是因为在市场化程度较高的地区，上市公司的自主经营决策权更多、法律以及投资者保护意识更强，更倾向于通过财务共享披露高质量的会计信息。

同时，较高的法治化水平以及要素市场发育水平能够促使财务共享服务充分发挥其决策支持与战略资源配置功能，通过优化资源配置将企业的资源集中到高价值领域，进而促进高质量会计信息的输出。因此，与市场化程度低的地区相比，在市场化程度高的地区，企业实施财务共享提升会计信息质量的作用更明显。H6-6 得到验证。

表 6.5　不同外部环境下财务共享对会计信息质量的影响

| 变量 | 经营环境不确定性 | | 市场化程度 | | 产品市场竞争 | | 地区数字化程度 | |
	高 （1） DA	低 （2） DA	高 （3） DA	低 （4） DA	激烈 （5） DA	不激烈 （6） DA	高 （7） DA	低 （8） DA
FSSC	-0.006** (-2.21)	-0.000 (-0.20)	-0.006** (-2.13)	-0.003 (-1.40)	-0.007*** (-2.85)	-0.002 (-0.59)	-0.005** (-2.08)	-0.003 (-1.09)
Size	0.000 (0.21)	-0.003*** (-4.75)	-0.002* (-1.77)	-0.001 (-1.01)	-0.002** (-2.29)	-0.001 (-0.87)	-0.004*** (-3.46)	0.001 (0.42)
Lev	0.026*** (3.75)	0.013*** (2.63)	0.036*** (6.36)	0.012 (1.61)	0.019*** (3.71)	0.024*** (2.79)	0.028*** (4.38)	0.015* (1.83)
Soe	-0.010*** (-4.37)	-0.003** (-2.19)	-0.007*** (-3.10)	-0.008*** (-4.14)	-0.009*** (-4.51)	-0.008*** (-3.40)	-0.007*** (-3.98)	-0.008*** (-3.53)
Growth	0.052*** (6.50)	0.016*** (3.23)	0.031*** (5.87)	0.067*** (5.47)	0.048*** (7.37)	0.055*** (4.14)	0.046*** (6.34)	0.058*** (4.33)
ROA	-0.173*** (-7.10)	0.014 (0.48)	-0.102*** (-3.77)	-0.143*** (-5.27)	-0.208*** (-7.95)	-0.037 (-1.26)	-0.160*** (-6.17)	-0.100*** (-3.48)
Loss	0.021*** (6.27)	0.033*** (12.03)	0.031*** (9.13)	0.025*** (7.11)	0.020*** (6.46)	0.032*** (9.34)	0.026*** (8.11)	0.026*** (7.42)
Top1	-0.012 (-1.54)	0.000 (0.03)	0.000 (0.05)	-0.008 (-1.06)	0.007 (1.23)	-0.015* (-1.65)	-0.002 (-0.32)	-0.006 (-0.65)
Board	-0.026*** (-2.85)	-0.011*** (-3.10)	-0.017*** (-2.93)	-0.021** (-2.47)	-0.008 (-1.54)	-0.030*** (-3.27)	-0.013** (-2.44)	-0.029*** (-2.72)
Ind	-0.041* (-1.95)	-0.018 (-1.53)	-0.010 (-0.50)	-0.048*** (-2.59)	-0.007 (-0.44)	-0.049** (-2.43)	-0.029* (-1.70)	-0.032 (-1.55)
Dual	-0.000 (-0.18)	0.001 (0.41)	0.001 (0.35)	-0.000 (-0.16)	0.002 (0.86)	-0.002 (-0.75)	0.003 (1.23)	-0.003 (-1.24)

续表

变量	经营环境不确定性		市场化程度		产品市场竞争		地区数字化程度	
	高(1)DA	低(2)DA	高(3)DA	低(4)DA	激烈(5)DA	不激烈(6)DA	高(7)DA	低(8)DA
Opinion	-0.014***	-0.024***	-0.025***	-0.017***	-0.018***	-0.020***	-0.015***	-0.024***
	(-3.14)	(-3.77)	(-3.79)	(-3.59)	(-3.49)	(-3.50)	(-2.77)	(-4.54)
_cons	0.148***	0.165***	0.181***	0.163***	0.139***	0.210***	0.198***	0.144***
	(5.48)	(10.55)	(6.09)	(7.56)	(6.50)	(4.97)	(8.41)	(5.48)
N	18708	10776	12388	17096	14403	15081	14550	14934
R²	0.085	0.090	0.073	0.103	0.144	0.068	0.115	0.073
adj. R²	0.082	0.087	0.070	0.101	0.141	0.065	0.112	0.070
F	17.916	14.614	19.376	14.562	16.686	15.617	18.810	12.695

如表 6.5 第 (5) ~ (6) 列所示, 当产品市场竞争激烈时, FSSC 的系数显著为负, 这表明当产品市场竞争更激烈时, 财务共享提升会计信息质量的作用更明显。这主要是因为产品市场竞争激烈时, 实施财务共享一方面能够帮助企业更加专注于业务、持续提高企业核心竞争力, 促使有效的资源在集团内部得到更为充分有效的运用, 输出更高质量的会计信息, 以提升自身竞争力来应对激烈的市场竞争。另一方面, 财务共享强化了集团财务管控力度, 减少管理层盈余操纵的机会, 进而有助于促进会计信息质量的改善。因此, 相比竞争不激烈的产品市场, 当产品市场竞争激烈时, 企业实施财务共享提升会计信息质量的作用更明显。H6-7 得到验证。

如表 6.5 第 (7) ~ (8) 列所示, 当地区数字化程度高时, FSSC 的系数显著为负, 这表明当地区数字化程度高时, 财务共享提升会计信息质量的作用更明显。这主要是因为高地区数字化程度可以为企业数字化转型提供优质的外部环境, 并对企业数字化转型形成有效的制度支持与补充, 不仅有助于降低企业数字化转型的成本与风险, 还能进一步推动企业的业财一体化进程, 促进信息在系统内部实现有效共享，这将有助于降低信息不对称程度，有效地提升信息传递的速度以及信息披露的质量，进而大大地提升会计信息质量。因此，与数字化程度低的地区相比，在数字化程度高的地区，企业实施财务共享提升会计信息质量的作用更明显。H6-8 得到验证。

第四节　本章小结

企业高管拥有企业经营管理的决策权和控制权，是影响企业发展的核心因素，也是财务共享的重要实施主体。而外部环境因素则对企业行为有重要影响，影响企业的会计信息披露行为和披露效果。财务共享实施主体与实施环境构成了影响财务共享与会计信息质量两者关系的重要内外部因素。基于此，本章从实施主体特征和外部环境两个视角对财务共享与会计信息质量之间的关系进行异质性分析。实施主体特征主要包含高管年龄、性别、财务背景和海外背景四个维度；外部环境主要包括经营环境不确定性、市场化程度、产品市场竞争和地区数字化程度四个维度。

本章研究发现，从财务共享实施的内部因素来看，实施主体即高管的特征如年龄、性别、财务背景和海外背景影响着其对财务共享系统的学习能力、适应能力、运用能力和应变能力，以及对风险的态度、经营和治理理念、投资者保护以及社会责任观念；影响着共享中心与其他业务部门的沟通能力，决定着财务共享的实施效果，并对会计信息质量产生重要的影响。基于实施主体特征的异质性研究发现，与年长高管和男性高管占比高、财务背景和海外背景高管占比低的企业相比，年轻高管和女性高管占比高、财务背景和海外背景占比高的企业实施财务共享提升会计信息质量的效果更明显。

从财务共享实施的外部因素来看，外部环境也会从不同层面制约财务共享的实施环境，进而影响财务共享的实施效果。基于外部环境的异质性研究发现，相比经营环境不确定性低、市场化程度低、产品市场竞争不激烈以及地区数字化程度低，当经营环境不确定性高、市场化程度高、产品市场竞争激烈以及数字化程度高时，企业实施财务共享提升会计信息质量的效果更明显。

本章的研究结论一方面凸显了财务共享在应对不确定性、降低企业运行风险时的积极意义，另一方面也表明了优秀的管理人才、良好的经济环境和技术环境对顺利推行财务共享的重要作用。研究结论不仅有利于企业重视财务共享人才的培养和选拔，还有利于政府加大对数字基础设施的投入力度以及加强良好营商环境的培育意愿，进而能够为财务共享的顺利推行创造良好的人才和制度支持。

第七章 研究结论、政策启示、研究局限与展望

第一节 研究结论

　　会计信息质量不仅是资本市场监管和会计准则制定的关键对象，还是财务会计领域的重要研究对象，对于改善资本市场的运作效率、优化社会资源配置、改善企业管理的经营决策、优化投资者的投资效率、促进企业价值的增长等意义重大。财务共享与会计信息质量存在着千丝万缕的联系，财务共享依托于信息技术，通过流程、组织、人员、系统、战略的再造，将现有的业务流程进行规模化处理以降低成本、提升财务效率、实现信息的共享，重塑着企业信息输入和输出的方式、流程、能力和质量等，必然会对会计信息质量产生一定的影响，但现有文献忽略了对两者的研究。目前关于财务共享的研究主要集中于其业务范围、实施动因、关键因素以及对管控能力、运营效率、经营绩效等的影响等，较少涉及财务共享与会计信息质量的研究。因此，有必要研究财务共享对会计信息质量的

影响及其影响机理。

基于此,本书选取 2009~2020 年中国上市公司为研究样本,将上市公司作为集团整体,手工收集上市公司实施财务共享的数据,研究了财务共享对会计信息质量的影响及影响机理,从集团管控视角讨论了财务共享对会计信息质量的影响,并基于财务共享的实施主体和外部环境,探究了不同高管特征和外部环境对财务共享与会计信息质量两者关系的异质性影响。实证研究的主要结论如下:

第一,财务共享能够提升会计信息质量,且共享服务实施时间越长,提升会计信息质量的作用越明显,这证明了实施财务共享的积极意义。企业集团需要加快财务共享服务中心的建设,不断提升自身的财务管理水平,努力构建世界一流的财务管理体系。路径机理检验发现,财务共享主要通过降低信息不对称和代理成本来提升会计信息质量。这表明,财务共享能够显著降低母子公司之间、股东与管理层之间的委托代理问题;有效缓解母子公司之间、业务与财务之间的信息不对称,降低管理层盈余操纵的空间,进而改善会计信息质量。研究结论有利于理论界和实务界更加充分地认识到财务共享的会计信息治理功效,揭开了财务共享影响会计信息质量的"黑箱",有助于政府和企业积极推动财务共享的建设和发展。

第二,基于集团管控视角,发现在不同管控动机和管控能力下,财务共享对会计信息质量的影响不同,当集团子公司的规模越大、重要性越强、处于成长期、经营战略为成本领先战略时,集团的管控动机就越强,财务共享提升会计信息质量的效果越明显。当集团多元化程度低、类型为产业型集团、内部资本市场配置效率高及信息化程度高时,集团的管控能力会更强,财务共享提升会计信息质量的效果也更明显。这表明,集团管控会对财务共享产生显著影响,财务共享的建设需同集团管控程度和深度相匹配,集团在构建财务共享服务中心时,需要结合自身的管控目标和实际需要,选择适合自身发展的财务共享模式,以最小的成本达到降本增效、提升会计信息质量的目的。

第三，财务共享服务实施主体的特征和外部环境也会在一定程度上制约财务共享服务的实施效果，进而影响财务共享与会计信息质量两者的关系，不同高管特征和外部环境条件下，财务共享对会计信息质量的影响不同，当年轻高管占比、女性高管占比、海外背景高管占比及财务背景高管占比高时，财务共享提升会计信息质量的效果更明显。当经营环境不确定性高、市场化程度高、产品市场竞争激烈、地区数字化程度高时，财务共享提升会计信息质量的效果更明显。这凸显了财务共享在应对不确定性、降低企业运行风险时的积极意义，同时也表明了优秀的管理人才、良好的经济环境和技术环境对顺利推行财务共享的重要作用。本书结论不仅有利于企业重视对财务共享人才的培养和选拔，还有利于政府加大对数字基础设施的投入力度及加强对良好营商环境的培育意愿，进而能够为财务共享的顺利推行创造良好的人才和制度支持。

第二节　政策启示

第一，当前全球经济处于新科技和产业革命孕育兴起的新周期，全球价值链深度融合，中国经济也步入全面性结构调整、深度改革和加速发展的新时代，以紧跟全球步伐，实现高质量发展。为了适应经济新常态，企业集团也需要积极谋求转型之路，通过数字技术来实现经营和管理的升级。企业集团在走向多组织、多业态及跨国经营的发展道路过程中，面临的财务管理问题也尤为突出。企业集团需要利用财务共享服务来为企业的财务数字化转型打下坚实的数字基础、组织基础和管理基础，整合资源、降低成本、提升风险管控能力和集团的整体运作效率，通过利用财务共享服务优化会计信息来满足企业内外部对高质量信息的需求，不断优化自身的信息化建设水平，加快推进建设世界一流财务体系的步伐，助力中国企业集团跨出国门、迈向世界，不断提升中国企业在世界的影响力和竞争力。此外，实施财务共享是一个循序渐进的过程，不能操之过急，在实施过程中可能会遇到组织摩擦、员工抵触、业务和财务脱节等瓶颈，使得财务共享的实施效果无法在短时间内显现，需要在财务共享中心的建设和发展中保持充足的耐心和信心。

第二，不同于西方企业集团，中国企业集团实施财务共享有着特殊的制度背景和实施动因，主要解决当下集团管控能力弱、管控效率低下的问题。中国企业集团应积极探索财务共享的建立和实施模式，逐步形成符合中国经营环境要求和当地企业管理特点的财务共享管理模式。在建设财务共享服务中心时，应该将建设需求与集团管控动机和管控能力相匹配，并结合自身实际情况、项目资金的安排和管控需求，选择适合自身发展的财务共享服务模式。财务共享实施范围包括集团及其多个附属子公司，业务涉及不同行业，由于不同子公司可能处于特定的发展阶段，且采用不同的管理策略，集团还应根据子公司的业务特征、经营战略建立相应的共享中心模式，同时还需要考虑集团自身的信息化程度、战略形态、人才配置、经济环境、人力资源、相关基础设施等，并能随着子公司和集团的变化对共享中心进行相应的调整，以降低建设和实施成本，促进共享中心更好地发展。

第三，财务共享中心的建设离不开优秀人才和制度环境的支持。在人才的选拔和培育方面，企业需要根据自身的发展特点，寻找与共享中心相匹配的人才，做到人岗匹配。一方面，企业应明确人才选拔标准，可将处理复杂问题能力强、沟通能力好、团队合作能力优秀、专业知识储备丰富、风险控制意识强、综合能力强等作为共享中心人才衡量标准；另一方面，企业应完善内外部的人才激励和招聘机制，内部应建立员工激励机制，明确员工晋升机制和周期适当的绩效考核机制，外部应考虑招聘不同业务如数字化、软件、供应链等领域的高端人才，丰富财务共享中心的人才储备。在外部环境的培育和建设方面，一方面，政府应营造良好的营商环境，加强政策引导，以及资本、人才的支持，提供税收优惠，制定和发布财务共享服务建设规范或指南等顶层要求文件，为有相应需求的企业提供相应的资金保障、制度保障等，引领财务共享服务行业健康发展；另一方面，监管部门应不断鼓励财务共享服务机构提高产品质量，引导企业和其他组织通过财务共享优化会计职能。通过政府、监管机构及企业的合力，促使财务共享服务成为提升企业财务管理能力、改善会计信息质量、加强投资者权益保护以及完善社会信用机制的重要途径。

第三节　研究局限与展望

一、研究局限

本书从会计信息质量的影响因素方面探究了财务共享对会计信息质量的影响，从中获取了一定的研究发现，但受限于作者的研究水平和知识水平，本书至少还存在以下三方面的局限性，有待后续进行改进。

第一，财务共享的衡量方法存在一定的局限性。本书关于财务共享的衡量方法主要采用文本分析方法，通过 python 技术爬取上市公司年报、相关网站和报告中关于财务共享的关键词来判断上市公司是否实施财务共享。由于各个上市公司关于财务共享的信息披露的情况存在不一致，大部分仅披露了是否实施了财务共享，没有披露上市公司财务共享建设的资金投入情况以及更具体的实施细节，因此本书仅论证了企业是否实施财务共享对会计信息质量的影响，无法深入研究不同发展阶段、不同成熟度和不同功能定位下财务共享对会计信息质量产生的不同影响。

第二，会计质量的衡量方法相对单一。尽管学术界围绕会计信息质量问题展开了大量的研究，但对于会计信息质量的衡量方法尚未达成共识。本书仅考虑了会计信息质量的可靠性特征，未深入研究其他质量特征如相关性、可比性和及时性的影响。

第三，对财务共享与会计信息质量关系的影响因素考虑有限。关于财务共享对会计信息质量关系的异质性研究，本书仅从财务共享实施主体特征和外部环境方面展开讨论，但财务共享的内外部影响因素涉及方方面面，本书无法穷尽所有影响因素方面的研究，只选取了较为重要的方面来展开研究，无法全面考察可能存在的其他因素对两者关系的影响。

二、研究展望

财务共享的实施对会计信息质量的生成和披露具有重要影响，为了进一步推进财务共享与会计信息质量的研究，本书认为可从以下三个方面进行拓展和完善。

第一，鉴于当前上市公司对财务共享实施情况披露信息的有限性以及相关数据获取的限制，无法对财务共享展开深入研究，随着上市公司关于财务共享自愿披露的意愿性增强以及实施财务共享的上市公司数量增加，关于财务共享的相关信息披露也会越来越完善，未来可以尝试构建财务共享的成熟度、建设资金投入、功能定位等不同细分维度指数，来进一步拓展财务共享与会计信息质量的相关研究。

第二，未来可以从其他角度选取会计信息质量的衡量指标，本书仅深入研究了财务共享对会计信息可靠性的影响，未来可以进一步研究不同影响因素下财务共享对会计信息及时性、相关性、可比性等的影响，以进一步丰富财务共享与会计信息质量的相关研究。

第三，基于不同的理论基础展开分析，财务共享对会计信息质量的影响机制可能不同，本书主要以委托代理理论、信息不对称理论、流程再造理论以及集团管控理论作为理论基础，研究财务共享对会计信息质量的影响。为了进一步完善财务共享对会计信息质量影响的理论研究，并推进该领域的实证研究，未来可以结合企业战略理论、资源依赖理论等其他理论进行分析，进一步挖掘其他相关因素对财务共享与会计信息质量关系的异质性影响，拓展财务共享影响会计信息质量的边界条件。

参考文献

［1］Acemoglu D，Johnson S，Robinson JA. The colonial origins of comparative development: An empirical investigation ［J］. American economic review，2001，91（5）: 1369-1401.

［2］Acemoglu D，Restrepo P. The wrong kind of AI? Artificial intelligence and the future of labour demand ［J］. Cambridge Journal of Regions，Economy and Society，2020，13（1）: 25-35.

［3］Ahmed A H. Accounting information systems intellectual framework and applied systems ［J］. Al-Dare Al-Jameiah，Alexandria，Egypt，2004.

［4］Alles M，Piechocki M. Will XBRL improve corporate governance?: A framework for enhancing governance decision making using interactive data ［J］. International Journal of Accounting Information Systems，2012，13（2）: 91-108.

［5］Almeida H，Park S Y，Subrahmanyam M G，et al. The structure and formation of business groups: Evidence from Korean chaebols ［J］. Journal of Financial Economics，2011，99（2）: 447-475.

［6］Almeida H，Wolfenzon D. Should business groups be dismantled? The equilibrium costs of efficient internal capital markets ［J］. Journal of Financial Economics，

2006, 79 (1): 99-144.

[7] Andiola L M, Masters E, Norman C. Integrating technology and data analytic skills into the accounting curriculum: Accounting department leaders' experiences and insights [J]. Journal of Accounting Education, 2020, 50: 100655.

[8] Bajra U, Cadez S. The impact of corporate governance quality on earnings management: Evidence from European companies cross-listed in the US [J]. Australian Accounting Review, 2018, 28 (2): 152-166.

[9] Balakrishnan K, Cohen D, Gong G, et al. Product market competition, financial accounting misreporting and corporate governance: evidence from accounting restatements [R] . Working Paper, Stern School of Business, New York University, 2011.

[10] Baliga B R, Jaeger A M. Multinational corporations: Control systems and delegation issues [J]. Journal of International Business Studies, 1984, 15 (2): 25-40.

[11] Ball R, Kothari S P, Robin A. The effect of international institutional factors on properties of accounting earnings [J]. Journal of accounting and economics, 2000, 29 (1): 1-51.

[12] Ball R, Robin A, Wu J S. Incentives versus standards: properties of accounting income in four East Asian countries [J]. Journal of accounting and economics, 2003, 36 (1-3): 235-270.

[13] Ball R, Shivakumar L. Earnings quality in UK private firms: comparative loss recognition timeliness [J]. Journal of accounting and economics, 2005, 39 (1): 83-128.

[14] Bamber L S, Jiang J, Wang I Y. What's my style? The influence of top managers on voluntary corporate financial disclosure [J]. The accounting review,

2010, 85 (4): 1131-1162.

[15] Barth M E, Landsman W R, Lang M H. International accounting standards and accounting quality [J]. Journal of accounting research, 2008, 46 (3): 467-498.

[16] Bazel-Shoham O, Lee S M, Rivera M J, et al. Impact of the female board members and gaps in linguistic gender marking on cross-border M&A [J]. Journal of World Business, 2020, 55 (2): 100909.

[17] Blankespoor E, Miller B P, White H D. Initial evidence on the market impact of the XBRL mandate [J]. Review of Accounting Studies, 2014, 19 (4): 1468-1503.

[18] Bostjancic E. Job satisfaction, life orientation and perception of family role-Comparison between women employed in public sector and in economy [J]. Admin., 2010, 8: 89.

[19] Brazel J F, Agoglia C P. An examination of auditor planning judgements in a complex accounting information system environment [J]. Contemporary Accounting Research, 2007, 24 (4): 1059-1083.

[20] Bundy J, Pfarrer M D. A burden of responsibility: The role of social approval at the onset of a crisis [J]. Academy of management review, 2015, 40 (3): 345-369.

[21] Burgstahler D C, Hail L, Leuz C. The importance of reporting incentives: Earnings management in European private and public firms [J]. The accounting review, 2006, 81 (5): 983-1016.

[22] Burns N, Kedia S. The impact of performance-based compensation on misreporting [J]. Journal of financial economics, 2006, 79 (1): 35-67.

[23] Bushman R M, Piotroski J D, Smith A J. What determines corporate trans-

parency? [J]. Journal of accounting research, 2004, 42 (2): 207-252.

[24] Callen J L, Khan M, Lu H. Accounting quality, stock price delay, and future stock returns [J]. Contemporary Accounting Research, 2013, 30 (1): 269-295.

[25] Chen X. Financial Shared Services Empower the Real Economy: The Evidence from China [J]. Mathematical Problems in Engineering, 2022.

[26] Chen X, Arnoldi J, Na C. Governance structure and related party loan guarantees: The case of Chinese family business groups [J]. Management and Organization Review, 2015, 11 (4): 599-619.

[27] Chen X, Dai Q, Na C. The value of enterprise information systems under different corporate governance aspects [J]. Information Technology and Management, 2019, 20 (4): 223-247.

[28] Chen A, Gong J J. Accounting comparability, financial reporting quality, and the pricing of accruals [J]. Advances in accounting, 2019, 45: 100415.

[29] Chen H, Tang Q, Jiang Y, et al. The role of international financial reporting standards in accounting quality: Evidence from the European Union [J]. Journal of international financial management & accounting, 2010, 21 (3): 220-278.

[30] Chen S, Ni X, Tong JY. Gender diversity in the boardroom and risk management: A case of R&D investment [J]. Journal of Business Ethics, 2016, 136 (3): 599-621.

[31] Cheung E, Evans E, Wright S. An historical review of quality in financial reporting in Australia [J]. Pacific Accounting Review, 2010, 22 (2): 147-169.

[32] Child J. Managerial and organizational factors associated with company performance part I [J]. Journal of Management studies, 1974, 11 (3): 175-189.

[33] Choi H, Suh S. The effect of financial reporting quality on CEO compensa-

tion structure: Evidence from accounting comparability [J]. Journal of Accounting and Public Policy, 2019, 38 (5): 106681.

[34] Choi T, Guo S, Liu N, et al. Optimal pricing in on-demand-service-platform-operations with hired agents and risk-sensitive customers in the blockchain era [J]. European Journal of Operational Research, 2020, 284 (3): 1031-1042.

[35] Cline B N, Garner J L, Yore A S. Exploitation of the internal capital market and the avoidance of outside monitoring [J]. Journal of Corporate Finance, 2014, 25: 234-250.

[36] Cui L, Li Y, Meyer K E, et al. Leadership experience meets ownership structure: Returnee managers and internationalization of emerging economy firms [J]. Management International Review, 2015, 55 (3): 355-387.

[37] Cumming D, Leung T Y, Rui O. Gender diversity and securities fraud [J]. Academy of management Journal, 2015, 58 (5): 1572-1593.

[38] Custódio C, Metzger D. Financial expert CEOs: CEO's work experience and firm's financial policies [J]. Journal of Financial Economics, 2014, 114 (1): 125-154.

[39] Cyert R M, March J G. A behavioral theory of the firm [M]. New Jersey: Englewood Cliffs, 1963.

[40] Dancer H, Filieri R, Grundy D. eWOM in online customer support communities: Key variables in information quality and source credibility [J]. Journal of Direct, Data and Digital Marketing Practice, 2014, 15 (4): 290-305.

[41] Davenport T H. Putting the enterprise into the enterprise system [J]. Harvard business review, 1998, 76 (4).

[42] De George E T, Li X, Shivakumar L. A review of the IFRS adoption literature [J]. Review of accounting studies, 2016, 21 (3): 898-1004.

［43］DeAngelo L E. Accounting numbers as market valuation substitutes: A study of management buyouts of public stockholders ［J］. Accounting review, 1986, 61: 400-420.

［44］Dechow N, Mouritsen J. On enterprise resource planning systems: the quest for integration and management control ［J］. Accounting, organizations and society, 2005, 30 (7-8): 691-733.

［45］Dechow P, Dichev I. The quality of accruals and earnings: The role of accrual estimation errors ［J］. The Accounting Review, 2002, 77: 35-39.

［46］Dechow P, Ge W, Schrand C. Understanding earnings quality: A review of the proxies, their determinants and their consequences ［J］. Journal of accounting and economics, 2010, 50 (2-3): 344-401.

［47］Demerjian P R, Lev B, Lewis M F, et al. Managerial ability and earnings quality ［J］. The accounting review, 2013, 88 (2): 463-498.

［48］Deng C, Kanagaretnam K, Zhou Z. Do Locally Based Independent Directors Reduce Corporate Misconduct? Evidence from Chinese Listed Firms ［J］. Journal of International Accounting Research, 2020, 19 (3): 61-90.

［49］Derven M. Advancing the shared services journey through training ［J］. T+D, 2011, 65 (9): 58-64.

［50］Dhole S, Manchiraju H, Suk I. CEO inside debt and earnings management ［J］. Journal of Accounting, Auditing & Finance, 2016, 31 (4): 515-550.

［51］Dorantes CA, Li C, Peters G F, et al. The effect of enterprise systems implementation on the firm information environment ［J］. Contemporary Accounting Research, 2013, 30 (4): 1427-1461.

［52］Drago W A. Predicting organisational objectives: role of stakeholder influence and volatility of environmental sectors ［J］. Management Research News, 1998.

[53] Duncan R B. Characteristics of organizational environments and perceived environmental uncertainty [J]. Administrative science quarterly, 1972, 17（3）：313-327.

[54] Duréndez A, Madrid-Guijarro A. The impact of family influence on financial reporting quality in small and medium family firms [J]. Journal of Family Business Strategy, 2018, 9（3）：205-218.

[55] Eagly A H, Diekman A B, Johannesen-Schmidt M C, et al. Gender gaps in sociopolitical attitudes: a social psychological analysis. [J]. Journal of personality and social psychology, 2004, 87（6）：796.

[56] Ebert C, Duarte C H C. Digital transformation. [J]. IEEE Softw., 2018, 35（4）：16-21.

[57] Efendi J, Park J D, Smith L M. Do XBRL filings enhance informational efficiency? Early evidence from post-earnings announcement drift [J]. Journal of Business Research, 2014, 67（6）：1099-1105.

[58] Faccio M, Marchica M, Mura R. CEO gender, corporate risk-taking, and the efficiency of capital allocation [J]. Journal of corporate finance, 2016, 39：193-209.

[59] Feng M, Ge W, Luo S, et al. Why do CFOs become involved in material accounting manipulations? [J]. Journal of accounting and economics, 2011, 51（1-2）：21-36.

[60] Fielt E, Bandara W, Miskon S, et al. Exploring shared services from an IS perspective: a literature review and research agenda [J]. Communications of the Association for Information Systems, 2014, 34（1）：54.

[61] Francis J, LaFond R, Olsson P M, et al. Costs of equity and earnings attributes [J]. The accounting review, 2004, 79（4）：967-1010.

[62] Francis J, LaFond R, Olsson P, et al. The market pricing of accruals quality [J]. Journal of accounting and economics, 2005, 39 (2): 295-327.

[63] Francis J, Nanda D, Olsson P. Voluntary disclosure, earnings quality, and cost of capital [J]. Journal of accounting research, 2008, 46 (1): 53-99.

[64] Francis J R, Wang D. The joint effect of investor protection and Big 4 audits on earnings quality around the world [J]. Contemporary accounting research, 2008, 25 (1): 157-191.

[65] Francis B, Hasan I, Li L. Abnormal real operations, real earnings management, and subsequent crashes in stock prices [J]. Review of Quantitative Finance and Accounting, 2016, 46 (2): 217-260.

[66] Franke G R, Crown D F, Spake D F. Gender differences in ethical perceptions of business practices: a social role theory perspective. [J]. Journal of applied psychology, 1997, 82 (6): 920.

[67] Fung S Y, Su L N, Gul R J. Investor legal protection and earnings management: A study of Chinese H-shares and Hong Kong shares [J]. Journal of Accounting and Public Policy, 2013, 32 (5): 392-409.

[68] Gao Y. The Application and Thinking of Business and Finance Integration under the Internet Plus: 2019 3rd International Conference on Education, Management Science and Economics (ICEMSE 2019), 2019 [C]. Atlantis Press.

[69] García-Meca E, García-Sánchez I. Does managerial ability influence the quality of financial reporting? [J]. European Management Journal, 2018, 36 (4): 544-557.

[70] George A. The market for "lemons": Quality uncertainty and the market mechanism [J]. The Quartely Journal of Economrics, 1970, 84 (3): 486-500.

[71] Gertner R H, Scharfstein D S, Stein J C. Internal versus external capital

markets [J]. The Quarterly Journal of Economics, 1994, 109 (4): 1211-1230.

[72] Ghosh D, Olsen L. Environmental uncertainty and managers' use of discretionary accruals [J]. Accounting, Organizations and Society, 2009, 34 (2): 188-205.

[73] Ghoshal S, Bartlett C A. The multinational corporation as an interorganizational network [J]. Academy of management review, 1990, 15 (4): 603-626.

[74] Giannetti M, Liao G, Yu X. The brain gain of corporate boards: Evidence from China [J]. the Journal of Finance, 2015, 70 (4): 1629-1682.

[75] Giroud X, Mueller H M. Corporate governance, product market competition, and equity prices [J]. the Journal of Finance, 2011, 66 (2): 563-600.

[76] Glass C, Cook A. Leading at the top: Understanding women's challenges above the glass ceiling [J]. The Leadership Quarterly, 2016, 27 (1): 51-63.

[77] Goh M, Prakash S, Yeo R. Resource-based approach to IT shared services in a manufacturing firm [J]. Industrial Management & Data Systems, 2007, 107 (2): 251-270.

[78] Govindarajan V. Appropriateness of accounting data in performance evaluation: an empirical examination of environmental uncertainty as an intervening variable [J]. Accounting, organizations and society, 1984, 9 (2): 125-135.

[79] Graham J R, Harvey C R, Puri M. Managerial attitudes and corporate actions [J]. Journal of financial economics, 2013, 109 (1): 103-121.

[80] Groves K S. Gender differences in social and emotional skills and charismatic leadership [J]. Journal of Leadership & Organizational Studies, 2005, 11 (3): 30-46.

[81] Gudjonsson S, Kristinsson K, Gylfason H F, et al. Female advantage? Management and financial performance in microfinance [J]. Business: Theory and

Practice, 2020, 21 (1): 83-91.

[82] Gul F A, Chia Y M. The effects of management accounting systems, perceived environmental uncertainty and decentralization on managerial performance: a test of three-way interaction [J]. Accounting, Organizations and Society, 1994, 19 (4-5): 413-426.

[83] Gul F A, Srinidhi B, NgA C. Does board gender diversity improve the informativeness of stock prices? [J]. Journal of accounting and Economics, 2011, 51 (3): 314-338.

[84] Gull AA, Abid A, LatiefR, et al. Women on board and auditors' assessment of the risk of material misstatement [J]. Eurasian Business Review, 2021, 11 (4): 679-708.

[85] Habib A, Hossain M. CEO/CFO characteristics and financial reporting quality: A review [J]. Research in Accounting Regulation, 2013, 25 (1): 88-100.

[86] Habib A, Jiang H. Corporate governance and financial reporting quality in China: A survey of recent evidence [J]. Journal of International Accounting, Auditing and Taxation, 2015, 24: 29-45.

[87] Hammer M, Champy J. Business process reengineering [J]. London: Nicholas Brealey, 1993, 444 (10): 730-755.

[88] Hambrick D C, Mason PA. Upper echelons: The organization as a reflection of its top managers [J]. Academy of management review, 1984, 9 (2): 193-206.

[89] He G. The effect of CEO inside debt holdings on financial reporting quality [J]. Review of Accounting Studies, 2015, 20 (1): 501-536.

[90] Helbing F, Rau T, Riedel A. Future trends in finance shared services organisations [M]. Finance Bundling and Finance Transformation, Springer, 2013: 379-407.

[91] Herrmann P, Datta D K. CEO experiences: Effects on the choice ofFDI entry mode [J]. Journal of management studies, 2006, 43 (4): 755-778.

[92] Hitt M A, Tyler B B. Strategic decision models: Integrating different perspectives [J]. Strategic management journal, 1991, 12 (5): 327-351.

[93] Ho S S, Li A Y, Tam K, et al. CEO gender, ethical leadership, and accounting conservatism [J]. Journal of Business Ethics, 2015, 127 (2): 351-370.

[94] Hoberg G, Phillips G. Real and financial industry booms and busts [J]. The Journal of Finance, 2010, 65 (1): 45-86.

[95] Hodge F D. Investors' perceptions of earnings quality, auditor independence, and the usefulness of audited financial information [J]. Accounting Horizons, 2003, 17: 37.

[96] Hsu A W, Liu S H. Organizational structure, agency costs, and accrual quality [J]. Journal of Contemporary Accounting & Economics, 2016, 12 (1): 35-60.

[97] Janssen M. Managing the development of shared service centers: stakeholder considerations: Proceedings of the 7th international conference on Electronic commerce, 2005 [C].

[98] Janssen M, Joha A. Emerging shared service organizations and the service-oriented enterprise [J]. Strategic Outsourcing: An International Journal, 2008.

[99] Janssen M, Joha A. Motives for establishing shared service centers in public administrations [J]. International journal of information management, 2006, 26 (2): 102-115.

[100] Jensen M C, Meckling W H. Theory of the firm: Managerial behavior, agency costs and ownership structure [J]. Journal of Finance Economics, 1976, 3: 305-360.

[101] Jensen M, Zajac E J. Corporate elites and corporate strategy: How demographic preferences and structural position shape the scope of the firm [J]. Strategic Management Journal, 2004, 25 (6): 507-524.

[102] Joha A, Janssen M. Factors influencing the shaping of shared services business models: Balancing customization and standardization [J]. Strategic Outsourcing: An International Journal, 2014, 7 (1): 47-65.

[103] Johnson S A, Ryan H E, Tian Y S. Managerial incentives and corporate fraud: The sources of incentives matter [J]. Review of Finance, 2009, 13 (1): 115-145.

[104] Jones J J. Earnings management during import relief investigations [J]. Journal of accounting research, 1991, 29 (2): 193-228.

[105] Jurkus A F, Park J C, Woodard L S. Women in top management and agency costs [J]. Journal of Business Research, 2011, 64 (2): 180-186.

[106] Kale J R, Loon Y C. Product market power and stock market liquidity [J]. Journal of Financial Markets, 2011, 14 (2): 376-410.

[107] Karpoff J M, Lee D S, Martin G S. The consequences to managers for cooking the books [J]. Journal of Financial Economics, 2008, 88 (88): 193-215.

[108] Khan W A, Vieito J P. CEO gender and firm performance [J]. Journal of Economics and Business, 2013, 67: 55-66.

[109] Khanna Tarun, Yafeh Yishay, 陈文婷. 新兴市场的企业集团: 是典范还是寄生虫?（上）[J]. 管理世界, 2010 (05): 159-166.

[110] Kirschenheiter M, Melumad N. Earnings' quality and smoothing (Working Paper). Columbia Business School [Z]. 2004.

[111] La Porta R, Lopez De Silanes F, Shleifer A. Corporate ownership around the world [J]. The journal of finance, 1999, 54 (2): 471-517.

[112] La Porta R, Lopez De Silanes F, Shleifer A, et al. Investor protection and corporate valuation [J]. The journal of finance, 2002, 57 (3): 1147-1170.

[113] Lafond R, Roychowdhury S. Managerial ownership and accounting conservatism [J]. Journal of accounting research, 2008, 46 (1): 101-135.

[114] Lanis R, Richardson G, Taylor G. Board of director gender and corporate tax aggressiveness: An empirical analysis [J]. Journal of Business Ethics, 2017, 144 (3): 577-596.

[115] Lee M Y, Edmondson A C. Self-managing organizations: Exploring the limits of less-hierarchical organizing [J]. Research in organizational behavior, 2017, 37: 35-58.

[116] Lenormand G, Touchais L. Do IFRS improve the quality of financial information? A value relevance approach [J]. Comptabilite Controle Audit, 2009, 15 (2): 145-163.

[117] Levi M, Li K, Zhang F. Director gender and mergers and acquisitions [J]. Journal of Corporate Finance, 2014, 28: 185-200.

[118] Liu C, Wang T, Yao L J. XBRL's impact on analyst forecast behavior: An empirical study [J]. Journal of accounting and public policy, 2014, 33 (1): 69-82.

[119] Liu D Y, Chen S W, Chou T C. Resource fit in digital transformation: Lessons learned from the CBC Bank global e-banking project [J]. Management Decision, 2011, 49 (10): 1728-1742.

[120] Maksimovic V, Phillips G. Do conglomerate firms allocate resources inefficiently across industries? Theory and evidence [J]. The Journal of Finance, 2002, 57 (2): 721-767.

[121] Malmendier U, Nagel S. Depression babies: do macroeconomic experiences

affect risk taking? [J]. The quarterly journal of economics, 2011, 126 (1): 373 – 416.

[122] Manner M H. The impact of CEO characteristics on corporate social performance [J]. Journal of business ethics, 2010, 93 (1): 53-72.

[123] Mansar S L, Reijers H A. Best practices in business process redesign: validation of a redesign framework [J]. Computers in industry, 2005, 56 (5): 457-471.

[124] Marciukaityte D, Park J C. Market competition and earnings management [J]. Available at SSRN 1361905, 2009.

[125] Martí C, Kasperskaya Y. Public financial management systems and countries' governance: A cross – country study [J]. Public Administration and Development, 2015, 35 (3): 165-178.

[126] Martin W. Critical success factors of shared service projects – results of an empirical study [J]. Advances in Management, 2011, 4 (5): 21-26.

[127] Martínez – Ferrero J. Consequences of financial reporting quality on corporate performance: Evidence at the international level [J]. Estudios de Economía, 2014, 41 (1): 49-88.

[128] Mason E S, Mudrack P E. Gender and ethical orientation: A test of gender and occupational socialization theories [J]. Journal of Business Ethics, 1996, 15 (6): 599-604.

[129] Matsunaga S R, Yeung P E. Evidence on the impact of a CEO's financial experience on the quality of the firm's financial reports and disclosures [C]. AAA, 2008.

[130] Morris J J. The impact of enterprise resource planning (ERP) systems on the effectiveness of internal controls over financial reporting [J]. Journal of information

systems, 2011, 25 (1): 129-157.

[131] Morris M G, Venkatesh V. Job characteristics and job satisfaction: Under-standing the role of enterprise resource planning system implementation [J]. Mis Quar-terly, 2010 (01): 143-161.

[132] Müller O, Fay M, Vom Brocke J. The effect of big data and analytics on firm performance: An econometric analysis considering industry characteristics [J]. Journal of Management Information Systems, 2018, 35 (2): 488-509.

[133] Na C, Chen X, Li X, et al. Digital transformation of value chains and CSR performance [J]. Sustainability, 2022, 14 (16): 10245.

[134] Nalebuff B J, Stiglitz J E. Prizes and incentives: towards a general theory of compensation and competition [J]. The Bell Journal of Economics, 1983, 14 (1): 21-43.

[135] North D C, Thomas R P. The rise of the western world: A new economic history [M]. Cambridge University Press, 1973.

[136] Paagman A, Tate M, Furtmueller E, et al. An integrative literature re-view and empirical validation of motives for introducing shared services in government or-ganizations [J]. International journal of information management, 2015, 35 (1): 110-123.

[137] Palea V. IAS/IFRS and financial reporting quality: Lessons from the Euro-pean experience [J]. China Journal of Accounting Research, 2013, 6 (4): 247-263.

[138] Pãşcan I. Measuring the effects of IFRS adoption on accounting quality: A review [J]. Procedia Economics and Finance, 2015, 32: 580-587.

[139] Peress J. Product market competition, insider trading, and stock market efficiency [J]. The Journal of Finance, 2010, 65 (1): 1-43.

［140］ Petrişor I, Cozmiuc D. Specific Models for Romanian Companies-Finance Shared Services ［J］. Procedia-Social and Behavioral Sciences, 2016, 221: 159-165.

［141］ Pondeville S, Swaen V, De Rongé Y. Environmental management control systems: The role of contextual and strategic factors ［J］. Management accounting research, 2013, 24 (4): 317-332.

［142］ Porter K, Smith P, Fagg R. Corporate strategy ［M］. London: Routledge, 2007.

［143］ Prendergast C, Stole L. Impetuous youngsters and jaded old-timers: Acquiring a reputation for learning ［J］. Journal of political Economy, 1996, 104 (6): 1105-1134.

［144］ Ramirez J. Utilizing measurement to drive continuous improvement within FSSC ［J］. International Journal of Information Management, 2007, 9 (2): 16-28.

［145］ Ran G, Fang Q, Luo S, et al. Supervisory board characteristics and accounting information quality: Evidence from China ［J］. International Review of Economics & Finance, 2015, 37: 18-32.

［146］ Reformat M Z, Yager R R. Soft computing techniques for querying XBRL data ［J］. Intelligent Systems in Accounting, Finance and Management, 2015, 22 (3): 179-199.

［147］ Riahi-BelkaouiA. The impact of corporate social responsibility on the informativeness of earnings and accounting choices ［M］. Bingley: Emerald Group Publishing Limited, 2003.

［148］ Richter P C, Bruehl R. Shared service center research: A review of the past, present, and future ［J］. European Management Journal, 2017, 35 (1): 26-38.

[149] Romney M, Steinbart P, Mula J, et al. Accounting Information Systems Australasian Edition [M]. New York: Pearson Higher Education, 2012.

[150] Ron Gill CMA C. Why cloud computing matters to finance [J]. Strategic Finance, 2011, 92 (7): 43.

[151] Ryan M K, Haslam S A, Morgenroth T, et al. Getting on top of the glass cliff: Reviewing a decade of evidence, explanations, and impact [J]. The Leadership Quarterly, 2016, 27 (3): 446-455.

[152] Schipper K, Vincent L. Earnings quality [J]. Accounting horizons, 2003, 17: 97-110.

[153] Schmidt K M. Managerial incentives and product market competition [J]. The review of economic studies, 1997, 64 (2): 191-213.

[154] Schrand C M, Zechman S L. Executive overconfidence and the slippery slope to financial misreporting [J]. Journal of Accounting and economics, 2012, 53 (1-2): 311-329.

[155] Seal W, Herbert I. Shared service centres and the role of the finance function: Advancing the Iron Cage? [J]. Journal of Accounting and organizational change, 2013, 9 (2): 188-205.

[156] Serfling MA. CEO age and the riskiness of corporate policies [J]. Journal of Corporate Finance, 2014, 25: 251-273.

[157] Shleifer A. Does competition destroy ethical behavior? [J]. American economic review, 2004, 94 (2): 414-418.

[158] Soalheira J. Designing a Successful Plan for Your Shared Service Centre [J]. International Journal of Business Information Systems, 2007, 3: 217-230.

[159] Soubelet A. Age-cognition relations and the personality trait of Conscientiousness [J]. Journal of Research in Personality, 2011, 45 (6): 529-534.

[160] Srinidhi B, Gul F A, Tsui J. Female directors and earnings quality [J]. Contemporary accounting research, 2011, 28 (5): 1610-1644.

[161] Stein J C. Internal capital markets and the competition for corporate resources [J]. The journal of finance, 1997, 52 (1): 111-133.

[162] Tammel K. Shared services and cost reduction motive in the public sector [J]. International Journal of Public Administration, 2017, 40 (9): 792-804.

[163] Tan W, Ma Z. Ownership, internal capital market, and financing costs [J]. Emerging Markets Finance and Trade, 2016, 52 (5): 1259-1278.

[164] Teece D J, Pisano G, Shuen A. Dynamic capabilities and strategic management [J]. Strategic management journal, 1997, 18 (7): 509-533.

[165] Tobie A M, Etoundi R A, Zoa J. A literature review of erp implementation in african countries [J]. The Electronic Journal of Information Systems in Developing Countries, 2016, 76 (1): 1-20.

[166] Tomasino A P, Fedorowicz J, Williams C B, et al. Embracing system complexity in a shared service center collaboration. [J]. MIS Quarterly Executive, 2014, 13 (2): 4.

[167] Trueman B, Titman S. An explanation for accounting income smoothing [J]. Journal of accounting research, 1988: 127-139.

[168] Vafeas N. Board structure and the informativeness of earnings [J]. Journal of Accounting and Public policy, 2000, 19 (2): 139-160.

[169] Verrecchia R E. Discretionary disclosure [J]. Journal of accounting and economics, 1983, 5: 179-194.

[170] Vroom V H, Pahl B. Relationship between age and risk taking among managers. [J]. Journal of applied psychology, 1971, 55 (5): 399.

[171] Wang L. Accounting quality and information asymmetry of foreign direct in-

vestment firms [J]. Research in International Business and Finance, 2017, 42: 950-958.

[172] Watts R L, Zimmerman J L. Positive accounting theory [M]. New Jersey: Prentice Hall, 1986.

[173] Wen W, Cui H, Ke Y. Directors with foreign experience and corporate tax avoidance [J]. Journal of Corporate Finance, 2020, 62: 101624.

[174] Wiersema M F, Bantel K A. Top management team demography and corporate strategic change [J]. Academy of Management journal, 1992, 35 (1): 91-121.

[175] Wruck K H, Wu Y. The relation between CEO equity incentives and the quality of accounting disclosures: New evidence [J]. Journal of Corporate Finance, 2021, 67: 101895.

[176] Yang Y, Li W, Feng R, et al. Study on influencing factors of value improving for enterprise groups' finance shared service central: 2015 International Conference on Management, Education, Information and Control, 2015 [C]. Atlantis Press.

[177] Yang Y, Liu Q, Song J, et al. The influence mechanism of financial shared service mode on the competitive advantage of enterprises from the perspective of organizational complexity: A force field analysis [J]. International Journal of Accounting Information Systems, 2021, 42: 100525.

[178] Yermack D. Higher market valuation of companies with a small board of directors [J]. Journal of financial economics, 1996, 40 (2): 185-211.

[179] Yim S. The acquisitiveness of youth: CEO age and acquisition behavior [J]. Journal of financial economics, 2013, 108 (1): 250-273.

[180] Yoon H, Zo H, CiganekA P. Does XBRL adoption reduce information asymmetry? [J]. Journal of Business Research, 2011, 64 (2): 157-163.

［181］Yu C L, Wang F, Brouthers K D. Competitor identification, perceived environmental uncertainty, and firm performance ［J］. Canadian Journal of Administrative Sciences/Revue Canadienne des Sciences de l'Administration, 2016, 33 (1): 21−35.

［182］Zeghal D, Chtourou S M, Fourati Y M. The effect of mandatory adoption of IFRS on earnings quality: Evidence from the European Union ［J］. Journal of International Accounting Research, 2012, 11 (2): 1−25.

［183］ACCA, 中兴, GE. 2019 年中国共享服务领域调研报告——基于中央企业财务共享服务建设情况 ［R］. 2019.

［184］ACCA, 中兴, GE. 2018 年中国共享服务领域研究报告 ［R］. 2018.

［185］ACCA, 中兴, GE. 2017 中国共享服务领域调研报告 ［R］. 2017.

［186］ACCA, 中兴, GE. 2020 年中国共享服务领域调研报告 ［R］. 2020.

［187］仓勇涛, 储一昀, 范振宇. 多元化经营复杂度、股权绝对集中与资源运营效益 ［J］. 会计研究, 2020 (06): 24−35.

［188］曾爱民, 魏志华, 李先琦. 女性高管对企业税收激进行为的影响 ［J］. 财经科学, 2019 (08): 110−122.

［189］曾春华, 杨兴全. 多元化经营、财务杠杆与过度投资 ［J］. 审计与经济研究, 2012, 27 (06): 83−91.

［190］曾颖, 陆正飞. 信息披露质量与股权融资成本 ［J］. 经济研究, 2006 (02): 69−79.

［191］陈德萍, 杨洁. 法律环境对机构投资者治理作用影响研究 ［J］. 经济研究参考, 2013 (29): 70−73.

［192］陈虎, 孙彦丛. 财务共享服务 ［M］. 中国财政经济出版社, 2018.

［193］陈虎等. 财务共享服务（第二版）［M］. 中国财政经济出版社, 2018.

［194］陈淑芳，塔娜，李琦，等．管理层权力、媒体监督与会计信息质量的关系研究［J］．西安财经大学学报，2020，33（06）：21-29．

［195］陈志军．母子公司管控模式选择［J］．经济管理，2007（03）：34-40．

［196］程新生，刘建梅，张正好，等．审计委员会信息权对会计信息质量的影响［J］．财贸研究，2015，26（03）：142-149．

［197］代昀昊，孔东民．高管海外经历是否能提升企业投资效率［J］．世界经济，2017，40（01）：168-192．

［198］德勤．中国企业财务共享服务现状与展望［R］．2015．

［199］邓启稳，张芳芳，田宇．公司控制权与会计信息质量关系的实证研究——基于信息技术业 2010～2012 年上市公司面板数据［J］．经济问题，2014（09）：94-98．

［200］董皓．智能时代财务管理［M］．电子工业出版社，2018．

［201］窦超，韦婧婧，王瑞华，等．女性高管能否改善业绩预告质量?［J］．中央财经大学学报，2022（06）：59-69．

［202］杜勇，张欢，陈建英．CEO 海外经历与企业盈余管理［J］．会计研究，2018（02）：27-33．

［203］方红星，张勇，王平．法制环境、供应链集中度与企业会计信息可比性［J］．会计研究，2017（07）：33-40．

［204］方军雄．市场化进程与资本配置效率的改善［J］．经济研究，2006（05）：50-61．

［205］傅蕴英，张明妮．货币政策与会计信息披露质量——基于深交所 A 股上市公司的经验证据［J］．重庆大学学报（社会科学版），2018，24（04）：52-62．

［206］淦未宇，刘曼．海归高管与企业创新：基于文化趋同的视角［J］．上

海财经大学学报，2022，24（01）：92-106.

［207］葛家澍. 回顾与评介——AICPA 关于财务会计概念的研究［J］. 会计研究，2003（11）：51-57.

［208］郭淑娟，路雅茜，常京萍. 高管海外背景、薪酬差距与企业技术创新投入——基于 PSM 的实证分析［J］. 华东经济管理，2019，33（07）：138-148.

［209］韩婕珺，郑乐凯，苏慧. 管理层背景与企业全球价值链参与——来自上市公司的证据［J］. 产业经济研究，2020（02）：73-86.

［210］韩向东，余红燕. 财务共享的中国路径［J］. 财务与会计，2017（12）：73-74.

［211］韩雪. 注册制改革、信息披露环境与会计信息质量［J］. 经济体制改革，2016（03）：25-30.

［212］何凡，张欣哲，郑珺. CEO 权力、CFO 背景特征与会计信息质量［J］. 中南财经政法大学学报，2015（05）：108-116.

［213］何平林，孙雨龙，陈宥任，等. 分析师跟踪、董事海外背景与信息披露质量［J］. 科学决策，2019（09）：1-27.

［214］何平林，孙雨龙，宁静，等. 高管特质、法治环境与信息披露质量［J］. 中国软科学，2019（10）：112-128.

［215］何威风，刘启亮. 我国上市公司高管背景特征与财务重述行为研究［J］. 管理世界，2010（07）：144-155.

［216］何瑛. 基于云计算的企业集团财务流程再造的路径与方向［J］. 管理世界，2013（04）：182-183.

［217］何瑛，周仿. 我国企业集团实施财务共享服务的关键因素的实证研究［J］. 会计研究，2013（04）：59-96.

［218］何瑛，周访，李娇. 中国企业集团实施财务共享服务有效性的实证研究——来自 2004～2008 年的经验数据［J］. 经济与管理研究，2013（08）：

57-65.

[219] 何宇，陈珍珍，张建华. 人工智能技术应用与全球价值链竞争 [J].中国工业经济，2021（10）：117-135.

[220] 贺亚楠，张信东，郝盼盼. 海归高管专业背景与 R&amp；D 操纵的检验 [J]. 财经问题研究，2019（03）：60-67.

[221] 黄大禹，谢获宝，孟祥瑜，等. 数字化转型与企业价值——基于文本分析方法的经验证据 [J]. 经济学家，2021（12）：41-51.

[222] 黄鹏，方小玉. 集团公司治理对内部资本市场效率的影响——来自我国 2009 年系族集团的经验证据 [J]. 苏州大学学报（哲学社会科学版），2012，33（01）：101-108.

[223] 贾小强，郝宇晓，卢闯. 财务共享的智能化升级：业财税一体化的深度融合 [M]. 人民邮电出版社，2020.

[224] 姜付秀，黄继承. CEO 财务经历与资本结构决策 [J]. 会计研究，2013（05）：27-34.

[225] 姜付秀，黄继承，李丰也，等. 谁选择了财务经历的 CEO？[J]. 管理世界，2012（02）：96-104.

[226] 姜英兵，严婷. 制度环境对会计准则执行的影响研究 [J]. 会计研究，2012（04）：69-78.

[227] 李丹，宋衍蘅. 及时披露的年报信息可靠吗？[J]. 管理世界，2010（09）：129-137.

[228] 李海舰，李燕. 对经济新形态的认识：微观经济的视角 [J]. 中国工业经济，2020（12）：159-177.

[229] 李红权，曹佩文. CEO 年龄与公司风险承担行为 [J]. 湖南师范大学社会科学学报，2020，49（03）：129-139.

[230] 李璐，姚海鑫. 共享审计能抑制并购商誉泡沫吗？——来自中国上市

公司的经验证据 [J]. 审计与经济研究, 2019, 34 (05): 32-42.

[231] 李青原. 会计信息质量与公司资本配置效率——来自我国上市公司的经验证据 [J]. 南开管理评论, 2009, 12 (02): 115-124.

[232] 李世刚. 女性高管、过度投资与企业价值——来自中国资本市场的经验证据 [J]. 经济管理, 2013, 35 (07): 74-84.

[233] 李文贵, 严涵. 年轻高管与企业股价崩盘风险: 来自"代理冲突观"的证据 [J]. 经济理论与经济管理, 2020 (11): 72-86.

[234] 李闻一, 潘珺. 财务共享服务中心与公司商业信用融资——基于异时DID模型研究 [J]. 华中师范大学学报 (人文社会科学版), 2021, 60 (04): 59-72.

[235] 李闻一, 朱媛媛, 刘梅玲. 财务共享服务中心服务质量研究 [J]. 会计研究, 2017 (4): 59-65.

[236] 李小荣, 刘行. CEO vs CFO: 性别与股价崩盘风险 [J]. 世界经济, 2012, 35 (12): 102-129.

[237] 李晓燕, 金卫东. 企业财务战略与产品生命周期的关系 [J]. 统计与决策, 2005 (19): 150-151.

[238] 李秀萍, 付兵涛, 郭进. 数字金融、高管团队异质性与企业创新 [J]. 统计与决策, 2022, 38 (07): 161-165.

[239] 廖义刚. 环境不确定性、内部控制质量与权益资本成本 [J]. 审计与经济研究, 2015, 30 (03): 69-78.

[240] 刘峰, 吴风, 钟瑞庆. 会计准则能提高会计信息质量吗——来自中国股市的初步证据 [J]. 会计研究, 2004 (05): 8-19.

[241] 刘凤朝, 默佳鑫, 马荣康. 高管团队海外背景对企业创新绩效的影响研究 [J]. 管理评论, 2017, 29 (07): 135-147.

[242] 刘慧凤, 杨扬. 高管报酬与会计信息质量的相关性实证研究 [J]. 经

济管理，2009，31（11）：118-124.

[243] 刘慧龙，齐云飞，许晓芳. 金字塔层级、内部资本市场与现金持有竞争效应 [J]. 会计研究，2019（01）：79-85.

[244] 刘俊勇，刘明慧，孙瑞琦. 数字化背景下财务共享服务中心的质量管理研究——以 HX 财务共享服务中心为例 [J]. 管理案例研究与评论，2021，14（05）：547-558.

[245] 财务共享中心的功能定位、成功因素与未来趋势探讨 [J]. 管理会计研究，2021，4（05）：13-16.

[246] 刘勤，杨寅. 改革开放 40 年的中国会计信息化：回顾与展望 [J]. 会计研究，2019（02）：26-34.

[247] 刘诗源，林志帆，冷志鹏. 税收激励提高企业创新水平了吗？——基于企业生命周期理论的检验 [J]. 经济研究，2020，55（06）：105-121.

[248] 刘淑春，闫津臣，张思雪，等. 企业管理数字化变革能提升投入产出效率吗 [J]. 管理世界，2021，37（05）：170-190.

[249] 刘晓华，张利红. 产品市场竞争、会计信息质量与投资效率——2001—2014 年中国 A 股市场的经验证据 [J]. 中央财经大学学报，2016（09）：57-72.

[250] 刘娅，干胜道. 财务共享、内部控制质量与企业绩效 [J]. 财经问题研究，2021（05）：93-101.

[251] 刘振，黄丹华. "一带一路"参与、高管海外背景与企业技术创新 [J]. 管理科学，2021，34（04）：71-88.

[252] 刘政，姚雨秀，张国胜，等. 企业数字化、专用知识与组织授权 [J]. 中国工业经济，2020（09）：156-174.

[253] 柳光强，孔高文. 高管海外经历是否提升了薪酬差距 [J]. 管理世界，2018，34（08）：130-142.

［254］路博．高管特征对上市公司经营绩效的影响效应［J］.商业研究，2022（02）：133-141.

［255］罗栋梁，吴玉，李志强．女性高管对会计稳健性的影响［J］.吉林工商学院学报，2018，34（04）：41-48.

［256］罗进辉．媒体报道的公司治理作用——双重代理成本视角［J］.金融研究，2012（10）：153-166.

［257］罗思平，于永达．技术转移、"海归"与企业技术创新——基于中国光伏产业的实证研究［J］.管理世界，2012（11）：124-132.

［258］罗炜，饶品贵．盈余质量、制度环境与投行变更［J］.管理世界，2010（03）：140-149.

［259］罗真，李春．多元化企业集团财务共享服务模式的构建——以广西投资集团为例［J］.经济研究参考，2016（23）：72-74.

［260］罗忠莲，田兆丰．上市公司战略差异度、高质量审计与会计信息可比性［J］.山西财经大学学报，2018，40（08）：109-124.

［261］吕越，谷玮，包群．人工智能与中国企业参与全球价值链分工［J］.中国工业经济，2020（05）：80-98.

［262］马宁，王雷．企业生命周期、竞争战略与风险承担［J］.当代财经，2018（05）：70-80.

［263］马云飙，石贝贝，蔡欣妮．实际控制人性别的公司治理效应研究［J］.管理世界，2018，34（07）：136-150.

［264］马忠，王龙丰，杨侠．子公司多元化、业务分布与现金持有——基于母子公司内部资本配置视角的分析［J］.会计研究，2018（01）：75-81.

［265］毛新述，王斌，林长泉，等．信息发布者与资本市场效率［J］.经济研究，2013，48（10）：69-81.

［266］闵丹，韩立岩．市场结构、行业周期与资本结构——基于战略公司财

务理论的分析 [J]. 管理世界, 2008 (02): 82-89.

[267] 牟涛, 向杨, 杨雪. 制度环境、公司治理与上市公司年报披露及时性 [J]. 宏观经济研究, 2012 (10): 38-46.

[268] 纳鹏杰, 纳超洪. 企业集团财务管控与上市公司现金持有水平研究 [J]. 会计研究, 2012 (05): 29-38.

[269] 倪克金, 刘修岩. 数字化转型与企业成长: 理论逻辑与中国实践 [J]. 经济管理, 2021, 43 (12): 79-97.

[270] 聂兴凯, 王稳华, 裴璇. 企业数字化转型会影响会计信息可比性吗 [J]. 会计研究, 2022 (05): 17-39.

[271] 潘临, 朱云逸, 游宇. 环境不确定性、内部控制质量与会计信息可比性 [J]. 南京审计大学学报, 2017, 14 (05): 78-88.

[272] 潘红波, 韩芳芳. 纵向兼任高管、产权性质与会计信息质量 [J]. 会计研究, 2016 (07): 19-26.

[273] 潘为华, 贺正楚, 潘红玉. 中国数字经济发展的时空演化和分布动态 [J]. 中国软科学, 2021 (10): 137-147.

[274] 戚聿东, 肖旭. 数字经济时代的企业管理变革 [J]. 管理世界, 2020, 36 (06): 135-152.

[275] 钱津. 论市场经济与商品经济的区别 [J]. 社会科学研究, 2011 (03): 46-50.

[276] 乔金. 上市公司结构与会计信息质量相关性研究 [J]. 河北大学学报 (哲学社会科学版), 2015, 40 (06): 33-37.

[277] 乔雪莲. 母子公司管控模式设计及其影响因素的实证研究 [D]. 天津大学, 2011.

[278] 秦荣生. 大数据思维与技术在会计工作中的应用研究 [J]. 会计与经济研究, 2015, 29 (05): 3-10.

[279] 申慧慧. 环境不确定性对盈余管理的影响 [J]. 审计研究, 2010 (01): 89-96.

[280] 申慧慧, 于鹏, 吴联生. 国有股权、环境不确定性与投资效率 [J]. 经济研究, 2012, 47 (07): 113-126.

[281] 申香华. 会计价值的理性认知与回归: 基于流程再造理论的研究框架 [J]. 会计研究, 2009 (01): 48-53.

[282] 孙亮, 周琳. 女性董事、过度投资与绩效波动——基于谨慎性视角的研究 [J]. 管理评论, 2016, 28 (07): 165-178.

[283] 孙健, 王百强, 曹丰, 等. 公司战略影响盈余管理吗? [J]. 管理世界, 2016 (03): 160-169.

[284] 孙铮, 刘凤委, 李增泉. 市场化程度、政府干预与企业债务期限结构——来自我国上市公司的经验证据 [J]. 经济研究, 2005 (05): 52-63.

[285] 唐松, 温德尔, 孙铮. "原罪" 嫌疑与民营企业会计信息质量 [J]. 管理世界, 2017 (08): 106-122.

[286] 万鹏, 曲晓辉. 董事长个人特征、代理成本与营收计划的自愿披露——来自沪深上市公司的经验证据 [J]. 会计研究, 2012 (07): 15-23.

[287] 汪芸倩, 王永海. CFO 兼任董秘可以提高会计信息质量吗? [J]. 会计研究, 2019 (08): 32-39.

[288] 王德宏, 文雯, 宋建波. 董事海外背景能否降低股价崩盘风险? ——来自中国 A 股上市公司的经验证据 [J]. 金融评论, 2018, 10 (03): 52-69.

[289] 王峰娟, 谢志华. 内部资本市场效率实证测度模型的改进与验证 [J]. 会计研究, 2010 (08): 42-48.

[290] 王凤燕. 财务共享模式下的内部控制与企业绩效研究 [M]. 中国社会出版社, 2019.

[291] 王晶, 彭博, 熊焰韧, 等. 内部控制有效性与会计信息质量——西方

内部控制研究文献导读及中国制度背景下的展望（一）[J]. 会计研究, 2015 (06): 87-95.

[292] 王生年, 尤明渊. 管理层薪酬激励能提高信息披露质量吗? [J]. 审计与经济研究, 2015, 30 (04): 22-29.

[293] 王卫星, 余天文. 财务共享服务与企业竞争力的关系——基于双重差分模型的实证检验 [J]. 吉首大学学报 (社会科学版), 2021, 42 (03): 101-111.

[294] 王文清, 傅绍正, 赵慧. 管理层预测能力、环境不确定性与盈余管理 [J]. 北京工商大学学报 (社会科学版), 2018, 33 (06): 74-83.

[295] 王霞, 薛跃, 于学强. CFO 的背景特征与会计信息质量——基于中国财务重述公司的经验证据 [J]. 财经研究, 2011, 37 (09): 123-133.

[296] 王兴山. 数字化转型中的财务共享 [M]. 北京: 电子工业出版社, 2018.

[297] 王雄元, 刘焱. 产品市场竞争与信息披露质量的实证研究 [J]. 经济科学, 2008 (01): 92-103.

[298] 王亚平, 刘慧龙, 吴联生. 信息透明度、机构投资者与股价同步性 [J]. 金融研究, 2009 (12): 162-174.

[299] 王亚星, 李心合. 重构 "业财融合" 的概念框架 [J]. 会计研究, 2020 (07): 15-22.

[300] 王彦超, 陈思琪. 关联担保的债务风险转移 [J]. 中国工业经济, 2017 (08): 120-137.

[301] 王跃堂, 孙铮, 陈世敏. 会计改革与会计信息质量——来自中国证券市场的经验证据 [J]. 会计研究, 2001 (07): 16-26.

[302] 王稳华. 党组织参与公司治理对会计信息质量的影响研究 [D]. 云南财经大学, 2022.

［303］文雯，宋建波．高管海外背景与企业社会责任［J］．管理科学，2017，30（02）：119-131．

［304］吴非，胡慧芷，林慧妍，等．企业数字化转型与资本市场表现——来自股票流动性的经验证据［J］．管理世界，2021，37（07）：130-144．

［305］吴昊旻，张可欣．长计还是短谋：战略选择、市场竞争与企业环境责任履行［J］．现代财经（天津财经大学学报），2021，41（07）：19-38．

［306］吴芃，杨小凡，巴娟娟，等．高管过度自信、竞争战略和财务报告舞弊——来自中国 A 股市场的证据［J］．东南大学学报（哲学社会科学版），2016，18（01）：52-64．

［307］夏立军，方轶强．政府控制、治理环境与公司价值——来自中国证券市场的经验证据［J］．经济研究，2005（05）：40-51．

［308］肖红军，阳镇，刘美玉．企业数字化的社会责任促进效应：内外双重路径的检验［J］．经济管理，2021，43（11）：52-69．

［309］谢诗芬．从会计信息化审计谈审计环境与审计理论结构［J］．当代财经，1999（11）：42-46．

［310］熊正德，李璨．TMT 背景、产权性质与风险承担——基于国有与非国有上市银行的对比分析［J］．经济管理，2015，37（10）：146-157．

［311］邢斐，陈诗英，蔡嘉瑶．企业集团、产业生命周期与战略选择［J］．中国工业经济，2022（06）：174-192．

［312］邢立全，陈汉文．产品市场竞争、竞争地位与审计收费——基于代理成本与经营风险的双重考量［J］．审计研究，2013（03）：50-58．

［313］徐高彦，李桂芳，陶颜，等．"扶大厦之将倾"：女性高管、危机企业反转与管理者认知［J］．外国经济与管理，2020，42（05）：42-59．

［314］徐鹏，陈志军，马鹏程．母子公司高管协同配置：表现形式、理论逻辑与整合研究框架［J］．经济与管理评论，2020，36（05）：56-64．

［315］徐宗宇，杨媛媛．女性高管、诉讼风险与审计费用［J］．金融经济学研究，2020，35（05）：132-146.

［316］许汉友，姜亚琳，徐香．基于 DEA 的我国集团公司财务共享服务实施效率研究［J］．审计与经济研究，2017，32（05）：74-84.

［317］许楠，刘浩，王天雨．非创始人 CEO 与会计信息质量——基于 A 股创业板公司的经验研究［J］．会计研究，2016（08）：18-24.

［318］杨大鹏，陈梦涛．数字经济发展促进企业创新的机制研究［J］．学习与探索，2022（06）：157-166.

［319］杨海燕，韦德洪，孙健．机构投资者持股能提高上市公司会计信息质量吗？——兼论不同类型机构投资者的差异［J］．会计研究，2012（09）：16-23.

［320］杨理强，陈少华，陈爱华．内部资本市场提升企业创新能力了吗？——作用机理与路径分析［J］．经济管理，2019，41（04）：175-192.

［321］杨寅，刘勤．企业财务转型与价值创造影响因素分析——基于力场模型视角的财务共享服务中心多案例研究［J］．会计研究，2020（07）：23-37.

［322］叶青，李增泉，李光青．富豪榜会影响企业会计信息质量吗？——基于政治成本视角的考察［J］．管理世界，2012（01）：104-120.

［323］鱼乃夫，杨乐．高管异质性、企业社会责任与上市公司违规行为——来自 A 股主板上市公司的经验证据［J］．证券市场导报，2019（12）：12-19.

［324］俞雪莲，傅元略．CFO 背景特征、内部控制和公司财务违规——基于 Logistic 模型的实证研究［J］．福建论坛（人文社会科学版），2017（02）：74-80.

［325］袁淳，肖土盛，耿春晓，等．数字化转型与企业分工：专业化还是纵向一体化［J］．中国工业经济，2021（09）：137-155.

［326］袁奋强．资本配置功能、信号传递与市场价值创造——基于内部资本

市场的分析［J］. 财经论丛，2017（05）：69-77.

［327］袁奋强. 内部资本市场运行、资本投资与资本配置行为——基于"系族企业"的分析［J］. 贵州财经大学学报，2015（04）：51-61.

［328］袁知柱，张小曼，于雪航. 产品市场竞争与会计信息可比性［J］. 管理评论，2017，29（10）：234-247.

［329］袁蓉丽，王群，李瑞敬. 证券交易所监管与股价同步性——基于年报问询函的证据［J］. 管理评论，2022，34（02）：281-290.

［330］张川，罗文波，樊宏涛.CFO背景特征对企业财务重述的影响——审计质量的调节效应［J］. 南京审计大学学报，2020，17（04）：1-10.

［331］张欢. 金融危机冲击、产品市场竞争与盈余管理策略［J］. 宏观经济研究，2014（03）：73-83.

［332］张会丽，吴有红. 企业集团财务资源配置、集中程度与经营绩效——基于现金在上市公司及其整体子公司间分布的研究［J］. 管理世界，2011（02）：100-108.

［333］张庆龙，董皓，潘丽靖. 财务转型大趋势：基于财务共享与司库的认知［M］. 电子工业出版社，2018.

［334］张庆龙，潘丽靖，张羽瑶. 财务转型始于共享服务［M］. 中国财政经济出版社，2016.

［335］张娆. 企业间高管联结与会计信息质量：基于企业间网络关系的研究视角［J］. 会计研究，2014（04）：27-33.

［336］张瑞君，陈虎，胡耀光，等. 财务共享服务模式研究及实践［J］. 管理案例研究与评论，2008，6：19-26.

［337］张瑞君，陈虎，张永冀. 企业集团财务共享服务的流程再造关键因素研究——基于中兴通讯集团管理实践［J］. 会计研究，2010（07）：57-64.

［338］张天宇，邓雅双. 高管财务背景与审计师选择［J］. 南京审计大学学

报，2022，19（02）：19-28.

[339] 张肖飞. 会计准则国际趋同提高了会计信息透明度吗？——基于AH股公司的经验分析 [J]. 经济经纬，2014，31（05）：115-120.

[340] 郑小碧."+互联网"、"互联网+"与经济发展：超边际一般均衡分析 [J]. 经济学动态，2017（06）：32-44.

[341] 周婷婷，王舒婷. 财务共享、丝路联结与"一带一路"跨国并购绩效 [J]. 南京审计大学学报，2021，18（03）：102-111.

[342] 周晓苏，王磊，陈沉. 环境不确定性、财务报告透明度和股价暴跌风险 [J]. 审计与经济研究，2016，31（06）：57-66.

[343] 周泽将，刘中燕，胡瑞. CEO vs CFO：女性高管能否抑制财务舞弊行为 [J]. 上海财经大学学报，2016，18（01）：50-63.

[344] 朱方伟，宋昊阳，王鹏，等. 国有集团母子公司管控模式的选择：多关键因素识别与组合影响 [J]. 南开管理评论，2018，21（01）：75-87.

[345] 朱方伟，杨筱恬，蒋梦颖，等. 子公司角色对集团内部管控模式的影响研究 [J]. 管理学报，2015，12（10）：1418-1428.

[346] 祝继高，叶康涛，严冬. 女性董事的风险规避与企业投资行为研究——基于金融危机的视角 [J]. 财贸经济，2012（04）：50-58.

后 记

金马远眺，碧鸡在望；春城正好，白驹过隙。

今吾博士求学生涯将尽，蓦然顾之，已四载有余焉。承蒙恩师谆谆教诲，幸得同门相携相助，友人常伴左右，感父母舐犊之情，幸甚之至，欣慰有加。感激涕零，纵有千言，难表万一。

感吾博导纳超洪教授，温如春风，肃若严霜，治学细微，讲论之练，范黄之制，每节皆严谨苛刻、倾囊相授，习于事之长法，谢君以容私，助吾拨云见日，柳暗花明。感吾硕导李小军教授，平易近人，忠厚之义，待我如家严，常以叔父相称，乃吾读博道路之明灯矣！吾每坠志不行、彷徨不定之时，公雪中送炭，锦囊相赠，谢公素信之重。漫漫求学之路，良师益友颇多，犹谢余怒涛教授、陈红教授、纳鹏杰教授、李正教授、朱锦余教授、吴昊旻教授、黄丽教授之传道授业解惑也。

谢吾同窗王稳华、李玥莹、季明晰、姬怡婷、张薇、李凤座，感乃教吾经世事、历风霜、面挫折，日月不老，吾不散也。谢吾师姐张华玉、雨田木子、王蕾茜、高曦，以高谈阔论，技压群芳。谢吾挚友王亚男、郭靖波、王晓兰、胡芳芳、王瑞、江东书、彭操，君见吾生学之晦，诸子真吾之坚强。谢吾同门师弟师妹，共事时汗水与欢语相忆。

谢吾家人，感君悉我注之、全力资之，感君为吾蔽风雨，披荆棘，感君尽吾之心、容我远志，感君令吾为好学者，今我力渐强，未来我为汝撑之、庇之、护之。

念国强盛、民心齐，谢百逆行者，感君国之危时，当拒疫之士，以血肉之躯铸就铜墙铁壁，护佑万民，许其盛世！尔等英雄，百姓铭记，在此谢汝等。

最后欲谢吾，谢其尝怯卑，谢其尝于玄门之外，谢其尝夕无眠处，谢之以微吾，谢之以渐强。来路艰辛，去路长长，一步皆异己，助我日强健，助我跨山河之险，虽来者，已自有直面风雨之气势。

青春逢盛世，强国正当时。愿吾学成之时，疫情弭散，国家无恙，人间有爱，山河皆安！盼吾等复聚云财之时，颜值在线，前程锦绣，家庭美满！

陈雪

2022 年于春城寒舍